COLLECTION 'KICKS', VOLUME 1
TRADUIT DE LA VERSION ANGLAISE: LOW KICKS - THIRD EDITION - REVISED, IMPROVED AND COMPLETED

Coups de Pied Bas

Etude Compréhensive de l'Art des Coups de Pied en-dessous de la Ceinture

Coups de Pied Avancés pour l'Attaque de la Région Inférieure

Venant du Karate, Kung Fu, Krav Maga, Tae Kwon Do, MMA, Muay Thai, Capoeira et autres

Par Marc De Bremaeker

Fons Sapientiae Publishing

<u>Coups de Pied Bas</u> - Coups de Pied Avancés pour l'Attaque de la Région Inférieure - Publié en 2016 by Fons Sapientiae Publishing, Cambridge, Royaume Uni.
Traduit de l'ouvrage original en Anglais : 'Low Kicks' dont la première édition date de 2013.

Notice importante : L'éditeur et l'auteur de cet ouvrage d'instruction NE sont RESPONSABLES en AUCUNE FACON de tout dommage ou blessure résultant de la pratique des techniques décrites. Toute pratique d'activités physiques et des Arts Martiaux a le potentiel d'être dangereuse pour soi-même et pour autrui. En cas de doute sur la façon de procéder sans danger, le lecteur est invité à consulter un entraineur accrédité, un coach diplômé ou un professeur diplômé d'Art Martiaux, AVANT de commencer. Les exercices physiques décrits pourraient être, de façon inhérente, trop éprouvants pour certains lecteurs ; il est essentiel de consulter un médecin avant quelque sorte d'entrainement qu'il soit.

Copyright © de Marc De Bremaeker. Tous droits réservés.
Toute représentation ou reproduction intégrale ou partielle faite sans le consentement de l'auteur ou de ses ayant-droit ou ayant-cause est illicite. Il en est de même pour la traduction, l'adaptation ou la transformation, l'arrangement ou la reproduction par un art ou un procédé quelconque. La diffusion sur Internet, gratuite ou payante sans le consentement de l'auteur est strictement interdite.
martialartkicks@gmail.com

ISBN: 978-0-9934964-5-5

Lecture recommandée, par le même auteur:
"Le Grand Livre des Coups de Pied" (2016) by Budo Edition

En Anglais: "Sacrifice Kicks - Flying, Hopping, Jumping and Suicide Kicks" (2016)
"Stealth Kicks - The Forgotten Art of Ghost Kicking" (2015)
"Ground Kicks - Advanced Martial Arts Kicks for Goundfighting" (2015)
"Stop Kicks - Jamming, Obstructing, Stopping, Impaling, Cutting and Preemptive Kicks" (2014)
"Plyo-Flex-Plyometrics and Flexibility Training for Explosive Martial Arts Kicks" (2013)
"The Essential Book of Martial Arts Kicks" (2010) by Tuttle Publishing"
En Italien: "i Calci nelle Arti Marziali" (2015) by Edizioni Mediterranee

Dédicace

In Memoriam

Ce livre est dédié à la mémoire de mon père bien aimé

André Félix De Bremaeker

Si j'ai vu plus loin, c'est pour l'avoir fait de sur les épaules de géants
~Sir Isaac Newton

Cher lecteur,

A notre époque, la vie d'un auteur consciencieux est devenue difficile. La prolifération de livres et l'explosion d'information sur l'internet ont rendu quasi-impossible la promotion d'ouvrages basés sur un travail de recherche extensif et requérants un travail de maquette complexe.
J'espère que vous aurez plaisir à lire ce livre. Une fois terminé, je vous serais profondément reconnaissant de bien vouloir prendre quelques courtes minutes pour donner votre honnête opinion. Un commentaire impartial, même limité à quelques mots, serait apprécié et encourageant.

Merci

Marc

Un mot gentil est une obligation facile ; mais ne pas dire du mal ne requiert que notre silence ; et cela ne nous coûte rien.
~John Tillotson

Crédits

Sans le support de mon épouse et compagne de toute une vie, **Aviva Giveoni**, jamais ce livre n'aurait été publié. Athlète elle-même, elle comprend bien ce que sont ardeur au travail et dévouement.

Aviva

Sensei Shlomo Faige

Entre autres professeurs et maîtres, mais certainement avant tous, je me dois de remercier avec grande tristesse mon Sensei décédé, **Sidney Schlomo Faige**, fondateur du Style Shi-Heun de Karaté.

Je dois aussi des remerciement spéciaux a mon ami de toujours et mon camarade d'entraînement, **Roy Faige**, pour son aide. Roy, aujourd'hui à la tête du style Shi-Heun, est aussi mon co-auteur du 'Grand Livre des Coups de Pied'. Son influence et ses conseils sont discernables sur toutes les pages de cet ouvrage et de mes livres précédents de cette série.

Roy and Marc

Dotan De Bremaeker

Merci à **Ziv Faige, Gil Faige, Shay Levy, Dotan De Bremaeker, Nimrod De Bremaeker and Itay Leibovitch** qui ont posé avec patience pendant de longues sessions de photographie.

La plupart des photos de ce volume ont été prises par Roy Faige et Aviva Giveoni. Mais je me dois aussi de remercier **Grace Wong** pour certaines. Et Merci aussi et encore à **Guli Cohen**, photographe professionnel : certaines des photos de ce livre ont été extraites de session de photographie gracieusement offertes pour des ouvrages précédents.

Les dessins de ce livre, bien imparfaits, sont les miens. Tout ce que j'ai appris a propos de l'art d'illustrer, je l'ai appris du dessinateur professionnel **Shachar Navot**, dont les dessins embellissent le 'Grand Livre des Coups de Pied'. Merci Shachar !

Toute une vie d'entraînement pour juste dix secondes.
~Jesse Owens

Table des Matières

Préface à la Collection 'Kicks' 11
Introduction Générale 16

Introduction aux Coups de Pied Bas 21

Généralités 21
L'entrainement aux coups de pied bas 23
Chambrer ou ne pas chambrer ? 25
Tactique 26
Présentation 27

The Kicks:

1. Le Coup de Pied Bas 28
2. Le Coup de Pied Bas de Face 39
3. Le Coup de Pied de Face aux Testicules 48
4. Le Coup de Pied Ecrasant de Face avec Haute Chambrée 56
5. Le Coup de Pied Bas de Face du Talon avec Pied Incliné 66
6. Le Coup de Pied Fouetté Bas 71
7. Le 'Low Kick' 79
8. Le Balayage en Low Kick 88

9. LE COUP DE PIED FOUETTÉ BAS DESCENDANT 94
10. LE COUP DE PIED CROCHETÉ BAS.................99
11. LE COUP DE PIED CROCHETÉ RETOURNÉ BAS 105
12. LE COUP DE PIED LATÉRAL BAS 110
13. LE COUP DE PIED LATÉRAL BAS ECRASANT 118
14. LE COUP DE PIED ARRIÈRE BAS.................128
15. LE COUP DE PIED ARRIÈRE BAS ECRASANT.................135
16. LE COUP DE PIED BAS EXTÉRIEUR DU TALON 137
17. LE COUP DE PIED DIAGONAL AU GENOU 143
18. LE COUP DE PIED D'ARRÊT POUSSÉ DE FACE DEVENANT ÉCRASEMENT DU GENOU.................145
19. LE COUP DE PIED ECRASANT VOLANT 146
20. AUTRES COUPS DE PIED BAS 148

EPILOGUE.................151

Préface à la Collection 'Kicks'

Un but n'est pas toujours supposé d'être atteint, il est souvent simplement quelque chose à viser.
~Bruce Lee

Cette Préface et l'Introduction Générale qui suit sont très proches de celles de nos ouvrages précédents de la Collection 'Kicks'. Pour épargner une relecture à nos lecteurs fidèles des livres précédents en Anglais ou en Français, nous les invitons à passer directement à l'Introduction aux Coups de Pied Bas, page 21.

Ma carrière d'Arts Martiaux a commencé avec le Judo à l'âge de six ans. Le Judo était relativement nouveau il y a cinquante-cinq ans et avait des relents un peu mystiques en Occident. Un Art Oriental mystérieux qui enseignait l'Art d'utiliser la force d'un agresseur contre lui-même, et avec en plus des uniformes et un décorum incontournable : voilà qui était bien attirant pour un enfant un peu frêle. Et puis arriva soudain la grande mode des films de Kung Fu des années Soixante-dix, avec *Bruce Lee* et autres.

C'est mon avis que la fascination des masses, et des adolescents dont j'étais, avait sa source dans les fantastiques coups de pied de ces spectaculaires combats cinématographiques.

Une grande partie des scènes de combats étaient basée sur des échanges de coups de pied comme nous n'avions jamais vu. Ce qui était alors nouveau et révolutionnaire aurait semblé banal et normal au plus jeune lecteur d'aujourd'hui. Mais nous avions été élevés pendant l'ère dominante de la boxe anglaise et nous étions conditionnés par le fair-play des règles du *Marquis de Queensburry*. Nous ne nous doutions certainement pas que des combats pouvaient ressembler à ça!

C'était aussi la première fois que le grand public en Europe et en Amérique pouvait découvrir un Art Martial complet en action : des coups de poing certes, mais aussi des coups de pied, des coups a mains ouvertes, des projections, des luxations, des étranglements, des saisies, etc...

Ces Arts Martiaux d'Orient comprenaient toutes les disciplines possibles dans une compilation homogène. Wow !

Le Judo, c'était bien ; mais je voulais maintenant apprendre à donner des coups de pied comme *Bruce Lee*. Je m'inscris donc à une école de Karaté Shotokan. Le *Shotokan-ryu* n'est certainement pas le style des coups de pied spectaculaires, mais c'était alors le style de Karaté le plus répandu hors d'Asie et le seul qui m'était disponible. Et c'est bel et bien : je ne le regrette certainement pas. Bien que sans coups de pied extravagants, le Shotokan est un style très didactique : il est caractérisé par la tradition, l'entrainement pur et dur, le focus (*Zanshin*) et la maîtrise absolue du travail de base. Dans tous les efforts athlétiques, c'est la pratique et le retour continu au travail de base qui est toujours le seul vrai secret de la réussite. L'école traditionnelle Shotokan, avec ses exercices et ses positions d'entrainement très basses, répond certainement à cette définition du travail de base requis.

Et donc, durant toute ma carrière, j'ai mis un point a toujours pratiquer le style Shotokan ou un style dérivé proche. J'ai aussi toujours continué à pratiquer le Judo, mon premier Art Martial et amour de jeunesse. Mais, en parallèle, j'ai commencé très tôt à explorer d'autres Arts, chaque fois pour plusieurs années, aux bons soins des opportunités et de la géographie. Pendant cette longue carrière Martiale, j'ai donc eu le privilège de pratiquer avec assiduité le Karaté des écoles Kyokushinkai, Shotokai, Wado-ryu et Sankukai. J'ai aussi pu m'entrainer sérieusement en Taekwondo, Muay Thai (en Thaïlande), Krav Maga (en Israël), Capoiera, Savate- Boxe Française, en deux styles de Jiu-jitsu traditionnel et des styles doux de Kung-Fu. C'est au long de cette quête que j'ai développé mes méthodes personnelles et que j'ai concrétisé mes vues

sur l'Art du Coup de Pied et sa place dans le combat complexe. Tout cela a fourni la base sur laquelle j'ai pu construire ma recherche individuelle sur le sujet. Il est évident que les résultats sont influencés par le type de manœuvres et les sortes d'entrainements qui vont facilement avec ma psychologie et ma physiologie personnelles. J'ai cependant essayé de mon mieux de garder l'esprit ouvert, entre autres par l'étude avec humilité, et par le biais du coaching et de l'enseignement.

C'est dans le courant de cette carrière peut-être un peu trop éclectique que mes pérégrinations m'ont amené aux portes de l'école **Shi-Heun** de *Sensei Sidney Faige*, décédé depuis et mentionné dans les Crédits. Le style *Shi-Heun* est dérivé du Shotokan et complémenté par la pratique intensive du Judo. Le style est basé sur le conditionnement physique extrême, sur le combat total réaliste pratiqué sous différentes règles possibles, et sur la recherche personnelle de ce qui convient le mieux

Sensei Sidney Faige en action

à chacun. Son aspect self-défense est basé sur un Krav Maga sans fioritures. Ce n'était alors que les premières des années 80, mais *Shi-Heun* était certainement un ancêtre prophétique du

phénomène actuel des Arts Martiaux Mixtes et modes du genre UFC. Les règles du combat libre au dojo étaient 'tout va' et 'jusqu'au sol'. Mais ce type d'entrainement n'a certainement pas freiné la réussite des élèves de l'école dans les tournois traditionnels sous règles bien plus légères. Les disciples directs de Sensei Faige ont dominé la scène sportive, invaincus, pendant des années.

Sensei Faige avec l'équipe Nationale Israélienne victorieuse; l'auteur et Roy Faige sont sur la droite

A cette époque, les tournois de combat de Karaté aux points étaient en général du type WUKO (World Union of Karate Organizations), à l'exception notable du *Kyokushinkai* et des rencontre semi-contact. Il est triste de savoir que les combats WUKO d'alors consistaient généralement de deux protagonistes sautillant bêtement en attendant que l'adversaire initie une attaque qui serait stoppée par un *Gyacku Tsuki* (Coup de poing contraire)

Marc et Roy en finale d'un tournoi aux points en 1987

Coup de pied de Marc en tournoi

au corps. Peu réaliste et ennuyeux pour le public. Quand mon nom était appelé à un de ces tournois, les spectateurs avérés applaudissaient spontanément d'avance ; ils savaient qu'ils allaient finalement voir des coups de pied. Je m'excuse d'avoir l'air de me vanter, mais le point que j'essaye de souligner est le suivant : les fans du Karaté de cette époque venaient pour voir des coups de pied et du combat riche et intéressant ; ils ne venaient pas pour une forme peu réaliste de boxe. Cette tirade n'a pas pour but de dénigrer le Karaté, mais plutôt de critiquer l'influence néfaste de règlements idiots qui lui ont fait grand tort. Je crois passionnément que ce sont les coups de pied qui étaient a la base de l'attrait des Arts Martiaux Orientaux. Comme je l'ai déjà mentionné à maintes reprises dans mes articles et livres, je proclame avec ferveur que _les coups de pieds sont plus efficaces que les coups de poings_. Cela provoque généralement beaucoup de désaccords. C'est une vieille controverse, toujours en cours. Je demande donc qu'il me soit permis de compléter ma phrase. Je soutiens que les techniques de jambe sont plus efficaces que les techniques de mains, **mais aussi que leur maitrise exige beaucoup plus de travail et de temps**. J'espère que, présentée de cette façon, ma thèse est plus facilement acceptable par tous. Je vais maintenant détailler brièvement ma position.

Les coups de pied sont plus efficaces que les coups de poings:

1. A cause de la plus longue portée

2. Parce que les muscles de la jambe sont beaucoup plus forts que ceux des bras

3. Parce que, au contraire des coups de poings, les cibles possibles des coups de pied vont des orteils jusqu'à la tête

4. Parce que les coups de pieds sont toujours moins attendus et plus surprenants que les coups de poings, spécialement de près.

Je suis bien d'accord que les adversaires de ma position ont des arguments de poids. Ils vont mentionner que les coups de pied sont naturellement plus lents que les coups de poings, qu'ils sont aussi plus facilement bloqués car venant de plus loin. Souvent est aussi mentionné le fait qu'ils 'ouvrent' la région génitale (bien que les techniques de main font bien peu pour protéger ces parties). Mon expérience personnelle me permet pourtant d'affirmer que, après beaucoup de travail intelligent et tenace, nombreux coups de pied peuvent être aussi rapides que des techniques de mains et être effectués de toutes les positions et à toutes les distances.

Il est nécessaire de s'entrainer à donner les coups de pied aussi de très près

Pendant toutes mes années d'entrainement, j'ai investi beaucoup de temps, de travail individuel et de recherche sur les Arts du Coup de Pied du monde entier. J'ai essayé tous les trucs et conseils d'entrainement, et j'ai mis un point à tenter d'utiliser toutes les nouvelles variations apprises en combat libre et en compétition sportive. Il est sans doute temps de mentionner ici que ma recherche N'A PAS pour but d'acquérir un nombre maximum de techniques. Le but est de découvrir les quelques techniques les plus adaptées aux points forts, à la physiologie et aux affinités d'un chacun (Une fois ce petit nombre de techniques et leur modes d'entrainement découverts, il faut alors y concentrer tout effort pour une exécution parfaite a toutes distances et de toutes les positions).

C'est au long de cette longue quête dans le royaume du coup de pied que j'ai développé un style personnel de l'Art du Coup de pied basé sur mon histoire personnelle et sur mon état d'esprit. J'ai consulté toute la bibliographie disponible, mais fort peu de travaux ont été consacrés exclusivement aux coups de pied. Les quelques ouvrages à ce sujet que j'ai découvert étaient en général sérieux, mais plutôt inorganisés et restrictifs à leur style spécifique. Je n'ai en fait jamais trouvé le livre que j'aurais voulu avoir tout au début de ma carrière Martiale. J'ai donc décidé de l'écrire moi-même et de partager mes vues sur le sujet. Pour autant que je sache, il s'agit ici du premier essai de compilation et d'organisation de toutes les sortes de Coups de pied ; compilation qui puisse servir de référence et de base d'exploration pour les amateurs de l'Art du Coup de Pied. J'ai commencé ce travail potentiellement énorme, de façon probablement imparfaite, avec une collection que j'ai choisi de nommer : la Collection 'Kicks'. Une vue d'ensemble des Coups de Pied de base a été présentée dans 'Le Grand Livre des Coups de Pied', bien reçu et traduit en plusieurs langues. Ce succès m'a encouragé à suivre avec ce volume sur les *Coups de Pied Bas.* Il a été suivi par '*Stop Kicks*' (en Anglais) qui couvre les Coups de pied d'anticipation, de blocage, d'empalement, d'obstruction et d'attaque du point d'appui. A cette époque d'Art Martiaux Mixtes, il était naturel du suivre avec '*Ground Kicks*' (en Anglais) pour les coups de pied au sol. '*Stealth Kicks*' (en Anglais), qui couvre le sujet de la feinte et de la dissimulation dans l'Art du Coup de Pied, a été acclamé dès sa publication. Plus tard est sorti '*Sacrifice Kicks*' (en Anglais) qui couve les Coups de pied volants et suicidaires. L'auteur exprime l'espoir que tout ce travail puisse servir de base pour compléments et commentaires par d'autres. Comme déjà mentionné plusieurs fois, la maitrise de l'Art du Coup de Pied nécessite beaucoup de travail d'entrainement. J'ai donc aussi publié un ouvrage concernant les exercices généraux de base qui devraient aider l'étudiant à atteindre les niveaux supérieurs de performance. Comme dans toute activité athlétique, ce sont les exercices de base qui construisent les solides fondations nécessaires ; c'est à ces exercices simples et basiques que les vrais athlètes réussis retournent régulièrement pour de nouveaux sauts de progrès. 'Plyo-Flex Training for Explosive Martial Arts Kicks and Other Performance Sports' (en Anglais) présente ces importants exercices généraux de base qui devraient être pratiqués régulièrement pour une amélioration continue des performances du spécialiste en Coups de Pied.

Et maintenant, pour finir, il m'est important de souligner que mes opinions exprimées ci-dessus ne sont en aucune façon une critique de l'Art du Coup de Poing.

Ma philosophie personnelle est que les Arts Martiaux forment un tout qu'il est possible de voir de nombreux points de vue différents. Un Artiste complet devrait maitriser les coups de poings, les coups de pied, les déplacements, les projections, les esquives, la lutte au sol, et bien d'autres disciplines. Mais chaque Artiste aura ses préférences personnelles, ses qualités particulières et sa façon propre d'approcher les Arts Martiaux comme un tout homogène.

Et je dois ici ajouter quelque chose qui devrait être clair : Il n'y a pas de maitrise de l'Art du coup de pied sans compétence dans les techniques des membres supérieurs. Même le spécialiste du coup de pied aura besoin des coups de poing pour fermer la distance, pour feinter, pour préparer un coup de pied, pour suivre un coup de pied, et pour bien d'autres situations...Cela apparaitra clairement dans les applications présentées dans ce volume, ainsi que dans tous mes livres précédents.

Il doit être dit qu'un coup de poing est parfois la meilleure, ou *même la seule réponse possible*, dans certaines situations. J'ai rencontré des spécialistes du coup de poing extraordinaires qui utilisaient les coups de pieds exclusivement comme feintes ou comme mouvements de mise en place. Et il faut rappeler que des grands spécialistes du coup de pied, comme le légendaire *Bill 'Superfoot' Wallace* étaient extrêmement compétents en coups de poing, et y travaillaient très dur (comme j'en ai fait la pénible expérience personnelle durant plusieurs stages). Coup de pied, coup de poing,... Comme toujours, le secret est un bon équilibre !

Et cela m'amène tout naturellement à mon dernier point. Il me serait bien triste que mes livres et mes opinions soient mal comprises comme un appel à toujours utiliser des coups de pied en combat, ou même pire, à toujours utiliser des coups de pied hauts. Le plus grand spécialiste du Coup de pied du monde ne devrait pas en effectuer un juste parce qu'il en est capable ! Un coup de pied ne doit être exécuté que parce que c'est la technique qui s'impose dans une situation spécifique. Evident peut-être, mais valant certainement d'être répété. En citant quelqu'un d'autre :

Prenez les choses comme elles sont. Donnez un coup de poing quand vous devez donner un coup de poing. Donnez un coup de pied quand vous devez donner un coup de pied.
~Bruce Lee

INTRODUCTION GÉNÉRALE : LA COLLECTION 'KICKS'

Ce livre n'est pas un ouvrage de base pour le débutant, mais plutôt un travail de référence pour l'Artiste expérimenté. Le lecteur devrait être compétent dans sa compréhension des postures, des déplacements, du concept de ligne centrale, des gardes, du contrôle de la distance et des esquives, et bien plus. En d'autres mots, le lecteur est supposé avoir atteint un certain niveau technique dans l'Art Martial de son choix, et cela inclus les coups de pied. Cet ouvrage considère les Coups de pied de base maitrisés, et donc comme le niveau d'où pouvoir progresser vers des techniques plus sophistiquées. Le lecteur est invité à consulter les livres précédents déjà mentionnés. Ce livre-ci devrait servir comme un outil de recherche personnelle pour tout Artiste intéressé dans le Coup de Pied ; recherche libérée des contraintes de son style spécifique. C'est pourquoi la description des divers coups de pied est brève et pourquoi les exemples typiques ne sont expliqués que brièvement. L'auteur préfère laisser dessins et photos illustrer les angles importants. Le lecteur est invité à essayer et à adapter les techniques à ses préférences et à sa morphologie.

L'auteur a tendance à préférer dessins plutôt que photos pour pouvoir faire apparaitre des points importants parfois peu discernables.

L'Artiste expérimenté se rendra probablement vite compte que la formation de base de l'auteur a été le Karaté Japonais. C'est inévitable malgré que certainement pas voulu. Ce livre aspire à être le plus dénué de style possible ; il a pour but de créer des ponts entre différentes écoles sur la base de principes communs immuables. La philosophie de l'auteur est que tous les Arts Martiaux font partie d'une seule masse ou les 'styles' ne sont que des interprétations des principes et leur adaptation à certaines stratégies, certaines règles, certaines contraintes culturelles ou certaines morphologies. Cela forme un tout, même si ça a l'air différent quand regardé sous des angles différents. Dans les photos et dessins, le lecteur pourra trouver des différences techniques et des emprunts à différents styles. Cela est fait exprès, afin de souligner l'aspect universel de ce traité. Le pied de la jambe d'appui est parfois à plat au sol, comme requis dans les styles Japonais, et parfois le talon est levé comme dans certaines exécutions Coréennes. Il devrait être clair à tous que les principes biomécaniques sont identiques pour les Artistes expérimentés, et que ces petites différences d'exécution n'ont aucune importance réelle. Il est bien plus important pour l'étudiant d'adapter la technique, une fois maitrisée, à sa morphologie spécifique et à ses préférences. Ce livre n'a pas la prétention de présenter une forme axiomatique de l'exécution de coups de pied ! Le lecteur verra des techniques exécutées avec des bras fermés en garde hermétique ; et il verra aussi des bras grand ouverts contrebalançant le coup de pied. Il verra des mains ouvertes et des poings fermés.

Comme dans nos efforts précédents, il s'est avéré difficile de nommer et de classifier les différents coups de pied. L'auteur a donné aux techniques des noms descriptifs en Anglais (subséquemment traduits pour cet ouvrage en Français). Quand possible, les appellations populaires ont été utilisées. Mais les coups de pied complexes, exotiques ou hybrides, qui sont souvent difficile à décrire, ont parfois plusieurs ou aucun noms. Les dénominations choisies par l'auteur peuvent certainement être améliorées. Pour les Coups de pied de base communs à tous les styles, nous avons mentionné les noms étrangers d'origine. L'auteur s'excuse d'avance devant les puristes de tous les styles : il est clair que la description d'une technique ne peut pas être valide en détail pour tous les styles (Par exemple, le Coup de Pied de Face de base est enseigné de façon différente en Karaté Shotokan et en TaeKwonDo). Les noms d'origine en Japonais, Coréen, Chinois ou Portugais sont juste mentionnés à titre indicatif pour d'éventuelles recherches futures par le lecteur. Il faut aussi bien dire que certaines techniques ont même des noms différents dans différentes écoles du même Art ! Pour les Coups de pied plus complexes ou même à la limite exotiques, nous avons fait exprès d'omettre les noms d'origine. C'est seulement quand un Coup de pied se trouve très typique d'un certain style, que nous l'avons mentionné en hommage à ce style. L'auteur doit finalement aussi s'excuser de sa transcription arbitraire des mots étrangers ; les puristes de la translittération pourraient prendre ombrage, et à raison.

Les Coups de Pied présentés dans ce volume sont 'avancés'. Cela ne veut pas nécessairement dire qu'ils sont plus difficiles à exécuter que les coups de pied de base. Au contraire. Au-delà du besoin d'une forme de classification, le terme 'avancé' est utilisé pour souligner que les principes au cœur des Coups de pied de base doivent être d'abord parfaitement maitrisés. Un Coup de Pied d'Arrêt de Face est relativement facile à exécuter, mais un peu différent du Coup de Pied de Face de base. Mais pour l'obtention d'un maximum de puissance, il est essentiel de suivre les mêmes principes de base du Coup de Pied de Face : la position de préparation, le développement, l'impact pénétrant, et le retour en position de départ. Et tous ces principes du développement de l'attaque restent valables pour le plus difficile Coup de Pied Volant de Face. Et même si un Coup de Pied Bas de Face semble facile, il sera exécuté selon les mêmes principes de base déjà maitrisés pour puissance et vitesse maximales. Le Coup de Pied Feinté typique 'Coup de pied de Face chambré comme Fouetté' n'est pas spécialement facile à maitriser, mais c'est surtout une question de souplesse de la hanche et de pratique : les principes de base derrière l'exécution puissante de ce qui est en fait un Coup de Pied de Face (à trajectoire convolutée) restent les mêmes. Une fois les principes essentiels du Coup de Pied de Face de base maitrisés, toutes les variantes 'avancées' seront plus rapides et plus puissantes. Le secret est toujours de maitriser d'abord les éléments et principes de base ; et seulement dans un deuxième temps d'essayer toutes les variations dans des situations différentes. C'est d'ailleurs aussi le secret de la réussite pour toutes autres activités physiques. Ceci dit, étant donné que les Coups de Pied Avancés sont des variations sur le thème des Coups de Pied de base correspondants, ils seront présentés dans toute leur complexité par nombre de variantes utilisées dans des applications spécifiques.

Ce volume n'a pas pour objet de décrire les Coups de Pied de base. Si nécessaire pour la clarté ➤

du texte, certaines techniques de base seront brièvement illustrées en rappel. Ce volume traite seulement des Coups de Pieds qui attaquent les régions inférieures, et ce, comme variantes des six catégories de Coups de pied de base, présentées dans nos ouvrages précédents (Face, Côté, Arrière, Fouettés Circulaires, Crochetés et Croissants).

Les volumes suivants de la série qui sont en préparation vont présenter les complexes Coups de Pied Multiples, les dévastateurs Coups de Pied aux Articulations et les Coups de Pied de Self-défense sans fioritures.

Certains coups de pied avancés ont été omis, car il s'est avéré nécessaire de tirer la ligne quelque part. Ces décisions ont encore été arbitraire et pourraient être disputées. Nous avons tout d'abord omis toute une série de nuances possibles pour chaque coup de pied : comme mentionné, il est clair que toutes les techniques sont délivrées de façon un tout petit peu différente dans chaque école et chaque style. Ces différences minimes viennent des idiosyncrasies de chaque style et ne changent rien aux grands principes de base. L'auteur décrit donc les coups de pied dans leur forme que sa propre expérience trouve la meilleure, et il reste au lecteur de l'adapter éventuellement à sa propre personnalité. Mais, afin d'être complets, nous avons quand même essayé de présenter nombre de variations dans les Applications.

Nous avons aussi omis les coups de pied hybrides : le nombre infini de variantes d'exécutions possibles de coups de pieds « entre deux techniques» rendrait cette tâche ridicule. Il existe, par exemple, un grand nombre de techniques possibles entre le coup de pied de face et le coup de pied fouetté circulaire, chacune avec un peu plus ou un peu moins de « face » ou de «fouetté ». Et celà est encore plus vrai dans cet ouvrage spécifique traitant des coups de pied bas, comme sera mentionné dans le texte.

Les Coups de pied combinés et les combinaisons poing/pied sont aussi de nombre infini et ne seront pas présentées que tels ; ils seront plutôt suggérés dans les exemples d'applications. Les Coups de genou, bien que très efficaces et versatiles quand visant les zones basses, ne seront pas considérés comme coups de pied dans cet ouvrage.

Coup de genou

Les Coups de pied Bas restants qui seront présentés dans ce livre, le seront d'une façon descriptive plus ou moins fixe : après une Introduction *Générale* et la *Description* (illustrée) du Coup de pied, les *Points Clé* à retenir pour une bonne exécution seront énoncés brièvement (Rappel : ce livre a été écrit pour des Artistes Martiaux expérimentés). Les *Cibles* à préférer des coups de pied seront mentionnées, mais de façon générale : une étude des points vulnérables spécifiques est hors du champ de cet ouvrage. Des *Applications Typiques* seront alors détaillées et illustrées. Ces applications seront généralement l'usage (ou la préparation à l'usage) du coup de pied spécifique présenté, dans une situation plutôt sportive. Ce sera souvent une combinaison de techniques basée sur une alternance tactique des angles et/ou niveaux (par exemple : haut/bas/haut, ou intérieur/extérieur/intérieur), ou alors basée sur le principe de l'Attaque Indirecte Progressive prisée des Artistes JeetKuneDo. Il nous faut cependant ajouter que les principes tactiques ne seront ni détaillés ni présentés de façon systématique, car trop loin du sujet de ce livre. Les applications détaillées seront généralement aussi applicables à la fois à des situations réelles et à du travail d'entrainement.

Quand ce sera possible, nous donnerons des conseils d'*Entrainement Spécifique* pour améliorer l'exécution du Coup de pied présenté. Cette section sur l'entrainement sera brève et concernera uniquement les caractéristiques très spécifiques de coup de pied et la façon de l'améliorer ; un programme général d'entrainement ne convient pas au sujet restreint de ce livre. Notons que l'entrainement d'un coup de pied bas est souvent aussi l'entrainement du coup de pied de base correspondant, avant son adaptation éventuelle à l'exécution basse. Retournons donc aux sources !

Pour finir, et afin d'élargir le contexte des applications, nous donnerons des exemples supplémentaires de l'usage du coup de pied, mais dans une application plus adaptée a la Self défense réaliste ou aux Arts Martiaux Mixtes.

Il ne nous reste maintenant qu'à attirer l'attention du lecteur sur le fait que ce livre en particulier, mais aussi toute la Collection 'Kicks' en général, catalogue un grand nombre de différent Coups de Pied. Cela ne veut certainement pas dire qu'il faut tous les connaitre et tous les maitriser. Nous avons déjà mentionné qu'un véritable Artiste Martial doit d'abord maitriser les bases de son style propre par un travail intensif des techniques de base. C'est seulement plus tard qu'il devrait s'essayer aux manœuvres avancées et aux techniques spéciales des autres styles. Il peut alors s'entrainer à de nouvelles techniques moins conventionnelles et les essayer en combat libre. Un Artiste véritable saura alors choisir les quelques techniques, très peu parmi toutes, qui conviennent à sa morphologie, à sa psychologie et à ses affinités. Ce petit nombre de techniques devront alors être exécutées en entrainement des milliers et des milliers de fois, jusqu'à devenir naturelles. Pendant un combat, c'est le corps qui choisit intuitivement la meilleure technique à utiliser a un moment donné. Si vous devez reflechir a quoi faire, vous avez déjà perdu le combat. *'Practice makes perfect'* ; c'est la pratique qui mène à la maitrise. Pour citer d'autres personnes que moi :

Je ne crains pas celui qui a pratiqué 10,000 coups de pied une fois, mais je crains celui qui a pratiqué un coup de pied 10,000 fois.
~ Bruce Lee

et

Entrainement dur, combat facile.
~Alexander Suvorov

Donc, entrainez-vous aux coups de pied et aux applications présentées. Adaptez-les alors à vos physiologies et psychologies. Continuez de les pratiquer et essayez-les en combat libre. Les 'combinaisons de suite' qui viennent après le coup de pied sont présentées à titre indicatif et destinées à vous faire réfléchir. Essayez-les avant de les remplacer par les vôtres.

Et maintenant, aux Coups de Pied Bas...

INTRODUCTION AUX COUPS DE PIED BAS

Ce qui compte, ce n'est pas nécessairement la taille du chien dans la bagarre – c'est la taille de la bagarre dans le chien.
~Dwight D. Eisenhower

GÉNÉRALITÉS

Il n'y a aucun doute que les **Coups de Pied Bas** sont les coups de pied les plus efficaces et les plus adaptés à la défense de soi. Et ce pour de nombreuses raisons :

- Tout d'abord ils sont relativement faciles à maitriser, et ne requièrent ni grande souplesse, ni même échauffement.
- Les coups de pied bas, partant de très près de leurs cibles, sont aussi très rapides. Ils peuvent être utilisés en combat très rapproché presque sans limitations.
- Ils sont aussi faciles à ne pas 'télégraphier' : avec un peu d'entrainement ils peuvent être lancés avec la partie supérieure du corps totalement immobile (comme aussi expliqué dans '*Stealth Kicks*').
- Ils sont aussi très difficiles à bloquer : Il serait suicidaire de se pencher pour les bloquer, et l'esquive est en général la seule solution viable. Bien qu'il soit possible de bloquer un coup de pied bas avec le tibia, ou d'en absorber le choc avec une partie charnue de la jambe, la solution préférée sera probablement toujours de retirer la cible du vecteur de l'attaque.
- Mais avant tout, les coups de pied bas sont extrêmement efficaces à cause de la haute vulnérabilité de leur cibles naturelles : les testicules bien évidemment, mais aussi les côtés des cuisses riches en terminaisons nerveuses, les genoux de tous les angles (certainement l'articulation la plus vulnérable de tout le corps), les tibias tellement sensibles à la douleur, le bien nommé tendon d'Achille, les chevilles et les orteils. Le genou est une cible spécialement attirante: sa construction anatomique très vulnérable peut être disloquée de tous les angles possibles avec très peu de force appliquée. Un adversaire avec un genou blessé sera, en plus de sa douleur, pratiquement immobilisé. *Bruce Lee* aimait souligner le fait qu'un enfant avait assez de force pour 'casser' le genou d'un homme adulte.

*Coup de pied bas en tournoi–
Marc De Bremaeker*

... Il est donc maintenant clair pourquoi les coups de pied bas sont l'arme de choix dans une situation réelle de self-défense : redoutables, spécialement de près.

Nombre d'écoles d'Arts Martiaux, surtout non-sportifs, n'enseignent aucun coup de pied au-dessus de la ceinture ; et ce, sur la base d'un simple calcul risque/rendement : les coups de pied bas sont très efficaces sans vous mettre inutilement en danger. Par exemple : *Tai Chi Chuan, Wing Chun* et autres styles doux de *Kung Fu*, nombres de styles de *Karaté d'Okinawa*, et bien d'autres... L'auteur ne soutient pas spécialement cette approche, mais la considère comme un choix tactique valide et même indiqué pour certaines morphologies et certaines personnalités de combattants.

Les coups de pied bas ont longtemps été interdits dans la version sportive de nombreux Arts Martiaux, mais ils sont aujourd'hui de plus en plus pratiqués et autorisés dans les plus durs de ces Arts de combats. Il est nécessaire de souligner que leur pratique est très importante pour la formation de l'Artiste Martial complet ; l'entrainement dans un environnement dénué de coups de pied bas cause l'acquisition de mauvaises habitudes et confère un sens de sécurité trompeur. Dans le monde réel, il faut certainement s'attendre à recevoir des coups de pied dans les parties et dans les tibias !

Et je peux illustrer ce point avec une anecdote personnelle. J'étais, dans les années Soixante-Dix, un jeune combattant de Karaté (aux points et Full-contact), qui avait beaucoup de succès et était probablement trop imbu de lui-même. Je me mis à la *Savate-Boxe Française* pour compléter mon entrainement. Mes premiers combats furent un désastre et me remirent rapidement à ma place : chaque fois que j'initiais une attaque, je me voyais stoppé sur place par de douloureux coups de pieds bas aux tibias auxquels je n'avais pas été habitué. Les coups de pieds bas étant interdits en compétition de Karaté, ils ne faisaient pas vraiment partie de l'entrainement intensif au Dojo. Cette leçon m'a douloureusement éveillé au fait que les règles de l'entrainement et du combat, dans chacun des styles et écoles, vont être la cause de l'adoption d'habitudes spécifiques, généralement nuisibles aux exigences du combat réel. [Un autre exemple, plutôt opposé, est le manque de facilité que pouvaient avoir de féroces et redoutables combattants Kyokushinkai à bloquer les coups de poing directs à la figure qui étaient exclus par leur règles de compétition.]

Les coups de pied bas sont une partie intégrale de tout Art Martial réaliste : il faut les pratiquer, s'y entrainer jusque comme pour tout autre sorte de coups de pied, et il faut pouvoir les utiliser en combat libre de façon régulée. C'est uniquement si vous êtes conscient à tout moment de la possibilité de recevoir un coup de pied bas, que vous apprendrez à estimer correctement votre distance vis-à-vis de l'adversaire, ainsi que la vraie zone de danger.

Stopper un coup de pied avec un Coup de Pied Bas

L'ENTRAINEMENT AUX COUPS DE PIED BAS

Le fait que les coups de pieds bas soient relativement faciles à apprendre et à exécuter ne veut certainement pas signifier qu'il est possible d'éviter l'entrainement dur et la pratique assidue. Au contraire ! Il faut traiter ces coups de pied comme tous les autres : il faut les entrainer pour vitesse, puissance, timing et forme non-télégraphiée. Il faut les pratiquer dans des combinaisons versatiles et comme coups de pied d'arrêt. Il faut les utiliser en combat comme coups de pied d'attrition ou de gauge de l'adversaire. Toutes les faces possibles de ces coups de pied doivent être pratiquées jusqu'à devenir seconde nature, juste comme pour tout autre sorte de technique. La plupart des techniques d'entrainement sont identiques à celles des coups de pied de base dont le coup de pied bas spécifique est dérivé. Et les techniques d'entrainement pour la puissance explosive générale des coups de pied sont tout aussi valables pour les coups de pied bas que pour les coups de pied hauts. Le lecteur est invité à consulter **'Plyo-Flex'** (*en Anglais*) pour un programme d'entrainement de base de développement de puissance explosive, construit sur les principes scientifiques de la combinaison synergique de la Plyometrie et de l'assouplissement intensif. Il y a cependant quelques points communs spécifiques pour les techniques d'entrainement aux coups de pied bas. Il est impératif de pratiquer la délivrance de puissance, juste comme pour les coups de pied hauts, en frappant le long **sac suspendu**, le sac tenu debout par un partenaire, le sac sur le sol ou un **vieux pneu** tenu en place par un partenaire. Il faut utiliser ce qui donne la sensation de pénétration adéquate. Un banal sac suspendu n'est pas toujours le plus adapté à l'entrainement des coups de pied en-dessous de la région génitale. L'auteur est plutôt un fan du vieux pneu en raison de la sensation réaliste de pénétration. Entrainez-vous à la délivrance rapide et puissante du coup de pied bas, et à la pénétration de quelques centimètres dans la cible. Mais n'oubliez pas que la rétraction de la jambe après impact est aussi importante que pour les coups de pied hauts (à l'exception des coups de pied écrasants). Et quand vous vous entrainez à la puissance de vos coups de pied bas, souvenez-vous aussi de la forme non-télégraphiée !

Pratiquez vos coups de pied bas sur un sac au sol

Pratiquez sur un sac tenu debout par un partenaire

Pratiquez sur un vieux pneu

En pratiquant vos coups de pied bas, il est aussi important de vous rappeler que vous serez toujours très proches de votre adversaire au moment du contact, et qu'il vous faut donc être en garde. Une bonne façon de vous y entrainer est de pratiquer de temps à autres avec vos mains liées par une ceinture passant derrière votre nuque et qui les maintient en hauteur. Cela a aussi l'avantage de vous habituer à une exécution sans mouvements de main télégraphiques.

Utilisez une ceinture pour vous lier les mains en garde ; pratiquez une forme non-télégraphiée

…Comme déjà mentionné, l'entrainement pour les coups de pied bas sous le genou fait bon usage du pneu usagé maintenu par un partenaire. Le pneu peut aussi être utilisé couché sur le sol pour la pratique des coups de pied écrasants

La '**medicine-bal**l' est aussi très utile : au sol pour la pratique des coups à la cheville et au tibia inferieur, ou placée sur un sac couché ou un 'aerobic-step' pour les coups de pied au niveau du genou. Il faut frapper la balle avec un état d'esprit de footballeur et se concentrer pour l'envoyer le plus loin possible. Evidemment, les Artistes de Kung Fu utiliseront aussi le traditionnel '*Mook Jong*' en bois comme illustré par la photo ici-bas.

Le pneu usagé tenu par un partenaire

Ecrasez le vieux pneu !

L'utilisation du Medicine-ball pour la pratique des coups de pied bas

Le Mook Jong de Wing Chung, mannequin de bois pour l'entrainement

Entrainez votre précision avec des balles de tennis suspendues par fil aux niveaux du mi-tibia, du genou, de la mi-cuisse et des testicules. Des exemples seront illustrés dans le texte.
Mais l'exercice le plus important de tous pour la maitrise des coups de pied bas, est le combat et l'entrainement avec partenaire portant protections adéquates. C'est la seule façon de travailler le timing et la vitesse avec un adversaire qui bouge. Il est impératif de porter des protège-tibias, d'utiliser des coussins de frappe, et d'être toujours extrêmement prudent avec les genoux.

Il y a encore 2 exercices que l'auteur considère comme vitaux et qui concernent la maitrise de la distance. Il faut s'entrainer : 1. A exécuter des coups de pied bas inattendus à partir de longues distances, et 2. A exécuter des coups de pied bas automatiques dès que vous entrez le corps-à-corps. En plus de details:

1. Entrainez-vous à donner des coups de pied bas à partir de la distance typique de coups de pieds hauts, et ce à l'aide de déplacements adéquats (pas, demi-pas, pas diagonaux, sauts, *shuffle*,…). Une fois le travail de déplacement maitrisé, vous pouvez alors ajouter feintes et techniques supplémentaires pour couvrir la distance en sécurité, mais tout dépend d'abord de votre vitesse de déplacement. Le texte présentera nombre d'exemples et d'applications pratiques.

Travaillez vos déplacements : par exemple, demi-pas sauté avant coup de pied bas

2. Il est important de pratiquer intensivement les coups de pied bas qui conviennent au combat en corps-à-corps : entrainez-vous avec un partenaire et alternez les rôles. Entrainez-vous à donner des coups de pied bas simultanés à l'entrée en combat au corps-à-corps ('Clinch'). Il est important d'acquérir l'automatisme de l'utilisation immédiate de coups de pieds bas dès que le combat se rapproche du contact proche.

L'agrippement au corps-à-corps doit automatiquement causer le lancer intensif de coups de pied bas

Chambrer ou ne pas chambrer ?...

Dans notre '*Grand Livre des Coups de Pied*' (The Essential Book of Martial Arts Kicks), nous avons couvert le vaste sujet des coups de pied de base et de leurs nombreuses variantes d'une façon dénuée le plus possible d'influences de styles différents. Chaque coup de pied a généralement un grand nombre de petites variations possibles, spécifiques à certaines écoles ou simplement plus adaptables à différentes morphologies ou personnalités. Les coups de pied bas sont beaucoup moins codifiés que les coups de pied de base de la plupart des Arts Martiaux, et il y a certainement plus qu'une seule façon 'correcte' de les exécuter. Un des apports personnels les plus significatifs pour leur exécution est dans leur '***chambrée***'. **['Chambrer' est le terme choisi par l'auteur pour la préparation d'un coup de pied ; le terme est dérivé de l'anglais 'chamber' qui s'inspire de l'entrée de la balle dans chambre des armes à feu. La chambrée d'un coup de pied de face classique (haut) est la haute levée du genou, jambe pliée, avant le développement du coup de pied propre. Tous les Artistes expérimentés sont familiers avec cette notion sous différentes appellations].** Tout d'abord, en règle générale, un coup de pied bas doit être chambré au maximum *jusqu'au point d'où l'extension naturelle de la jambe mène le pied à la cible*. Il n'y a aucun intérêt à chambrer le genou jusqu'à la ceinture pour exécuter un simple coup de pied bas de face à la cheville adverse (à moins que ce soit une version écrasante). Il y a des écoles qui plaident contre toute chambrée des coups de pieds bas ; ils maintiennent que la vulnérabilité des cibles visées rend la poursuite de la puissance maximale par chambrée tout-a-fait superflue. Personnellement, ma position est que ça depend uniquement de vous ! Tenez compte de ce qui suit et tirez vos propres conclusions :

<u>Une chambrée maximale</u> vous donnera beaucoup plus de puissance, mais rendra votre coup de pied plus lent et plus facile à détecter. Mais, la chambrée est absolument nécessaire aux coups de pied écrasants ('*Stomp*'). Et puis, si un coup de pied est assez pour conclure un combat…, allez-y.

<u>L'absence de chambrée</u> rendra votre coup de pied surprenant, rapide et indétectable, mais par nature moins puissant. Mais d'un autre côté, sa réussite vous permettra de suivre avec d'autres coups de pied bas rapides, et peut-être de conclure avec un dernier coup de pied bien chambré…

Mon opinion personnelle est que la bonne réponse est un compromis quelque part au milieu, comme souvent dans la vie. Mais je crois aussi fermement qu'il n'y a pas vraiment de 'bonne' réponse.

Tactique

Les coups de pied bas sont spécialement appropriés aux **coups d'arrêt** et aux contrattaques. C'est la raison pour laquelle ils sont certainement les stars de notre livre traitant des Coups de Pied d'Arrêt (*Stop Kicks*). Comme ils sont très rapides, ils sont utilisés pour déjouer les attaques en développement ou les attaques sur le point d'être lancées. Le coup de pied bas peut facilement cibler la jambe avant de l'adversaire, ou sa jambe de déplacement, ou même sa jambe d'attaque, et peut donc de ce fait contrecarrer son assaut tout en lui infligeant douleur et dommages. Nombre de tels exemples seront présentés de façon aléatoire dans cet ouvrage. Pour plus de détails concernant la théorie et la pratique générale du coup de pied d'arrêt, il se devrait de consulter notre livre '*Stop Kicks*' (en voie de traduction); mais beaucoup d'applications des coups de pied bas comme coups d'arrêt seront aussi illustrées dans ce livre.

Coup de pied bas d'arret sur la jambe d'appui, par **Roy Faige**

Les coups de pied bas sont aussi des techniques fantastiques pour les **contrattaques** de toutes sortes : vous êtes proche de l'adversaire et vous avez bloqué ou esquivé son assaut, ce qui le place mentalement et même physiquement en position désavantageuse. Quelques exemples typiques seront présentés dans le livre. Un exemple très typique serait le coup de pied bas qui suit la technique d'esquive arrière classique de *Shorinji Kempo* nommée '*Hiki-Mi*' : l'abdomen est tiré soudainement en arrière sans mouvement de garde ou de pieds, mais juste assez pour éviter l'attaque de pied ou de poing qui arrive. Il devient alors très facile d'exécuter un coup de pied bas juste quand la jambe d'attaque de l'adversaire atterrit.

Exemple d'esquive Hiki-Mi ; occasion pour un suivi par coup de pied bas

Typical Shorinji-Kempo

Les coups de pied bas sont aussi des coups de pied **fantômes** par excellence. Ils sont développés hors du champ de vision naturel de l'adversaire et ciblent bas. C'est la responsabilité du lecteur de conférer à ses coups de pied bas autant de furtivité que possible, et il est invité de se référer à notre ouvrage '*Stealth Kicks*' (en voie de traduction).

Présentation

Pour les lecteurs du 'Grand Livre des Coups de Pied' et/ou autres livres de la Collection 'Kicks' (en Anglais ou en Français), il me faut signaler que la présentation de ce livre-ci sera un peu différente : beaucoup moins de **Description** et de **Points-clés**, car les coups de pied bas sont moins orthodoxes et moins codifiés que les coups de pied de base. D'un autre côté, beaucoup plus d'exemples d'**Applications Typiques** ou de **Self défense** seront présentés, comme il y a grand nombre de variations de ces coups de pied avec usages spéciaux ou spécifiques, et il est important de les présenter dans un souci d'exhaustivité.
Les Conseils d'**Entrainement Spécifique** seront plus succincts, vu qu'une présentation générale des méthodes d'entrainement a déjà été fournie dans des ouvrages précédents.

Nous présentons les coups de pied selon le même modèle que les livres précédents pour la logique interne de la Collection 'Kicks', avec plus ou moins de mise en évidence des différentes sous-sections. Ce modèle a été et va continuer d'être utilisé pour toute la série et les traductions françaises subséquentes : Stop Kicks, Ground Kicks, Stealth Kicks, Sacrifice Kicks, et ouvrages en préparation.

Entrainez vos coups de pied avec les mains liées en garde : Coup de pied bas de côté et haute chambrée de coup de pied écrasant de face

Fouetté circulaire bas au genou intérieur- Shay Levy

**Une opération militaire a besoin de tromperie. Bien que compétent, ayez l'air d'être incompétent. Bien qu'efficace, ayez l'air inefficace.
~Sun Tzu**

Les Coups de Pied

1. Le Coup de Pied Bas

***The Soccer Low Front Kick**, Gedan Geri (Karatedo), Coup de pied bas (Savate-Boxe Française), Teng Pai (KungFu), Oblique kick (Jeet Kune Do)*

Général

Voici probablement le plus commun des Coups de pied Bas de la jambe arrière. Rapide et très douloureux pour le tibia adverse, c'est l'attaque de choix pour harceler et évaluer l'adversaire. Mais quand l'occasion se présente, il peut devenir le coup de pied à fond, sans retrait ni chambrée, qui décidera de la victoire d'un combat. C'est aussi un coup d'arrêt très utile pour cibler une jambe d'attaque, et nous décrirons par la suite maintes façons de l'exécuter comme tel.

Dans les tournois de Karaté d'antan, où ce coup de pied était défendu, on en voyait quand même beaucoup sous une version déguisée en 'balayage raté', qui servait sans honte de guerre d'usure sur les jambes adverses. De même, dans les tournois de Judo de cette époque, il y avait beaucoup de 'faux' balayages qui étaient en fait des coups de pied bas destinés à 'ramollir' l'adversaire. Ces deux anecdotes illustrent l'importance et l'ubiquité de cette technique, et elles devraient rappeler au combattant qu'un *balayage* doit être exécuté avec **un coup de pied** derrière la tête, juste comme c'était fait à l'époque du vieux Jiu-Jitsu !

Le Coup de Pied Bas connecte avec le côté intérieur du pied, ce qui le rendra encore plus douloureux si vous portez des chaussures à semelle dure. A pieds nus, cela a l'avantage supplémentaire de ne pas avoir à utiliser la 'balle' de la plante du pied : trop nombreux sont les Artistes qui freinent *inconsciemment* leur coups de pieds avec la balle du pied, par peur de s'abimer les orteils. C'est d'ailleurs la raison de l'importance primordiale de l'entrainement à l'impact : les coups de pied répétés au sac, au vieux pneu et au *Makiwara*, non seulement enseignent la délivrance maximale de puissance, mais aussi diluent la peur instinctive de se blesser les orteils. Le Coup de Pied Bas est évidemment le coup de pied de choix en position de corps à corps (*Clinch*). Il est aussi très utile pour ramollir l'adversaire entre vos autres techniques: Voyez les Photos au début de la page suivante pour un coup de pied 'ramollissant' à la jambe arrière qui prépare le coup de genou aux côtes du côté avant de l'adversaire.

Les anciennes projections de Judo provenaient du Ju-Jitsu et du Kung Fu Chinois et elles étaient exécutées avec des coups de pied purs et durs

➡

Corps à corps : Coup de Pied Bas au tibia arrière, suivi de genou aux côtes

Le bien versatile Coup de Pied Bas

Se pencher en arrière, pendant l'exécution, pour esquiver une gifle

Coup de Pied Bas au genou, sans se pencher en arrière

Description

Le Coup de Pied est exécuté très simplement sans chambrée et directement en ligne droite depuis la position arrière du pied. La cible est généralement à mi- tibia et le contact se fait avec la partie intérieure du côté du pied, juste comme pour une balle de football (*Soccer* en Américain).

Les premiers Dessins illustrent l'exécution classique de la technique, avec une penchée arrière du tronc proportionnelle au coup de pied. En fait, cette penchée arrière dépend de vous et des circonstances, mais elle a l'avantage additionnel de vous mettre à l'abri d'un coup de poing d'arrêt ou d'un contre éventuels au visage. Mais quel que soit le cas spécifique, il est d'importance primordiale de minimiser le 'télégraphe' : Le tronc ne bouge pas (ni ne penche) avant que le pied arrière qui attaque ait dépassé le pied avant.

Fantastique pour la Self défense : Le Coup de Pied Bas penché

La préférence personnelle de l'auteur est plutôt d'éviter la penchée arrière, comme illustré par la seconde Figure : juste donner un coup de pied rapide et puis, soit ramener vite le pied à sa position arrière initiale, soit poser le pied à l'avant pour continuer l'attaque.

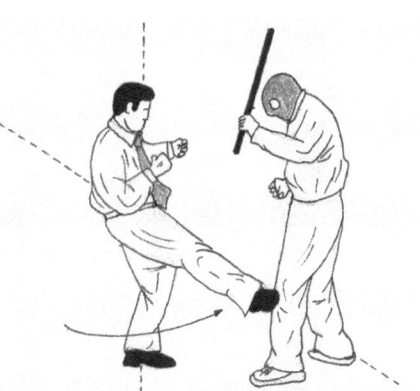

Fantastique pour la Self défense : Le Coup de Pied Bas sans penchée du tronc

LE COUP DE PIED BAS

…En Savate-Boxe Française, le Coup de Pied Bas est exécuté un peu différemment pour plus de puissance. La différence est autant mentale que physique, un peu comme la pratique des Coups de pied volants en imaginant une 'marche' virtuelle pour la prise d'élan. Le Coup de pied Bas de Savate, très commun dans leurs combats, voit la hanche partir tout d'abord alors que le pied d'attaque est comme bloqué à la hauteur du pied avant (pendant une microseconde). Cela crée, à la fois physiquement et dans le mental du combattant, une réserve d'énergie apparentée à un ressort comprimé. Le pied est alors 'libéré' dans une puissante explosion vers l'avant (Illustré). En Savate, le corps est généralement un peu penché vers l'arrière pour garder la tête hors de danger.

Coup de Pied Bas typique de Savate

Les Coups de pied classiques déjà décrits voient le pied d'attaque chambré et retournant vers l'arrière. Nous allons maintenant décrire des versions ou le pied d'attaque atterrit **devant**. Et quoi de mieux pour atterrir que sur le pied adverse ? *Atterrir sur le pied adverse va à la fois lui faire très mal et aussi l'immobiliser* tout en detournant son attention de vos prochaines attaques. Les Photos et dessins ci-dessous illustrent à la fois ce type de coup de pied, et un bon usage de la penchée arrière.

Esquive arrière d'un coup de poing haut, coup de pied simultané, écrasement et suite

Vous vous penchez légèrement vers l'avant pour provoquer un coup de poing adverse que vous esquiverez par l'arrière tout en délivrant votre Coup de Pied Bas. Vos mouvements de corps vont totalement cacher le coup de pied en route. Cette fois vous ne chambrez pas mais vous atterrissez sur le pied du tibia déjà touché. Votre pied tourne naturellement vers l'extérieur et reste sur son pied écrasé. Délivrez un coup de coude circulaire tout en contrôlant sa main de devant (*Mawashi Empi Uchi- Karatedo*). Si vous le **poussez** alors vers l'arrière, il tombera facilement avec une grave entorse de la cheville.

*Le Coup de Pied Bas peut souvent être suivi d'une technique '**Ecrase et Pousse** '*

...Une autre version de l'atterrissage vers l'avant est le '**Racle et Ecrase**'. Il ne s'agit pas d'un coup de pied écrasant classique (comme présenté plus loin dans le livre), mais une attaque du tibia en le grattant jusqu'en bas. L'atterrissage du pied se fait, en plus de tout, en écrasement sur le pied adverse. Les Photos illustrent le « Racle et Ecrase » qui suit un Coup de Pied Bas en corps à corps. Il faut se rappeler que le 'Clinch' est une position qui requiert un coup de pied bas *immédiat*, de préférence de la jambe arrière pour une puissance maximale. Apres le douloureux Raclage de son tibia et l'atterrissage sur son pied, vous pouvez pousser l'adversaire vers l'arrière pour une chute dangereuse. N'oubliez surtout pas : *dès que vous entrez le corps-à-corps, délivrez un coup de pied bas...* avant d'un recevoir un vous-même!

Clinch, Coup de Pied Bas, Raclage, Ecrasement, Poussée

Points clés

- *Garde haute* pour vous protéger : vous êtes a portée adverse.
- Minimiser les mouvements du corps supérieur pour éviter de 'télégraphier' l'attaque.
- *Chambrée de retour rapide* : après le contact de quelques centimètres au travers du tibia, retirez votre pied avec force avant d'atterrir.
- Bien que ce coup de pied ait l'air simple, il requiert un *entrainement intensif* continuel pour une puissance maximale.

Cibles

Tibia, chevilles, genoux et cuisses ; de tous les angles.

Applications typiques

Nous avons déjà décrit plusieurs applications typiques, comme le 'Clinch' ou la 'feinte-avant et esquive-arrière'. Un autre usage typique de ce Coup de Pied est comme '**Coup de Pied de Coupe**' ('Cutting Kick' en Anglais). Un Coup de Pied de Coupe est une attaque de timing sur la jambe d'appui d'un adversaire qui est en train d'exécuter un coup de pied (généralement un coup de pied haut). En fait, c'est probablement l'usage le plus courant des coups de pied bas, comme détaillé dans notre livre couvrant les Coups de Pied d'Arrêt (Stop Kicks). Les Coups de Pied de Coupe sont, par définition, des Coups de Pied d'Arrêt.

…La première série de Photos illustre l'utilisation du Coup de Pied sur le mollet (ou la cuisse) d'un adversaire en Coup de pied Retourné (*Spin-back Kick*). Ce coup le stoppe au milieu de son pivot avec un dos découvert qui invite un Coup de Poing aux reins. On peut suivre avec un écrasement du jarret (creux du genou arrière). Coup de Pied *de Coupe ou d'Arrêt*, …c'est le résultat qui compte. Les Dessins qui suivent illustrent à leur tour une technique typique de *Savate* : Un Fouetté Circulaire adverse est absorbé dans le gant (ou l'épaule) pendant la 'Coupe' simultanée de la jambe d'appui, le tout avec une penchée arrière très visible. La technique est facilement suivie d'un coup de poing direct rapide (*Jab*). La forme illustrée est très typique de la Savate, un grand Art Martial Français historique avec des racines orientales.

Le Coup de Pied Bas comme Coup d'Arrêt d'un Coup de Pied Retourné Circulaire

Savate : Coupe par Coup de Pied Bas d'un Fouetté adverse

Entrainement Spécifique

Les exemples présentés ci-dessous seront généralement valides aussi pour la plupart des Coups de Pied qui suivront dans cet ouvrage.

- Comme mentionné dans l'introduction, entrainez-vous sur un vieux pneu, un sac de boxe couché, un sac de boxe debout ou une '*medicine-ball*' (Balle lestée) ; la balle peut être maintenue en place sous le pied d'un partenaire pour une meilleure visualisation.
- Entrainez-vous pour le développement de puissance avec une bande élastique attachée à la cheville. Apres 10 répétitions, retirez l'élastique et exécutez 10 coups de pied supplémentaires au sac à fond et sans restreinte. Puis entrainez immédiatement l'autre jambe, en commençant avec l'élastique.
- Et n'oubliez pas le plus important : combat léger avec un partenaire portant des garde-tibias. Chacun a son tour, exécutez à l'improviste le coup de pied bas le plus rapidement possible et sans le télégraphier. Si le partenaire voit le coup de pied venir, il se doit de l'esquiver si possible.

Une illustration combinant plusieurs équipements d'entrainement : Medicine-Ball, bande élastique et protecteurs de tibias.

Self Défense

Comme les Photos de la première section (**Général**), les Dessins suivants illustrent l'usage typique de la penchée arrière pendant l'exécution du Coup de Pied en Self Défense. Un agresseur essaye de vous gifler et vous vous penchez en esquive arrière tout en exécutant le Coup de Pied Bas avec puissance. Atterrissez tout en contrôlant son bras d'attaque et donnez-lui un autre Coup de Pied Bas avec *l'autre* jambe. Vous pouvez faire suivre d'un puissant Coup de Coude Circulaire propulsé par les hanches, et ainsi de suite…

Double Coup de Pied Bas après esquive de penchée arrière

Les Photos suivantes illustrent l'utilisation de Coup de Pied sur le côté intérieur du tibia, dans une situation de corps-à-corps nécessitant une action rapide. Le côté intérieur du tibia est riche en terminaisons nerveuses et donc très sensible. Dans cet exemple, vous exécutez le Coup de Pied Bas sur son tibia intérieur, et puis vous changez de jambe pour attaquer l'autre tibia. Ce-faisant vous lui avez en quelque sorte 'ouvert' les jambes, et vous pouvez le frapper *aux parties* avec votre propre tibia (vous êtes très proches). Apres avoir replié la jambe, vous pouvez suivre d'un coup de genou latéral aux côtes flottantes qui atterrit en écrasement de son pied (Faites pivoter votre pied pour bien le placer pendant la descente écrasante). Poussez-le et continuez si nécessaire.

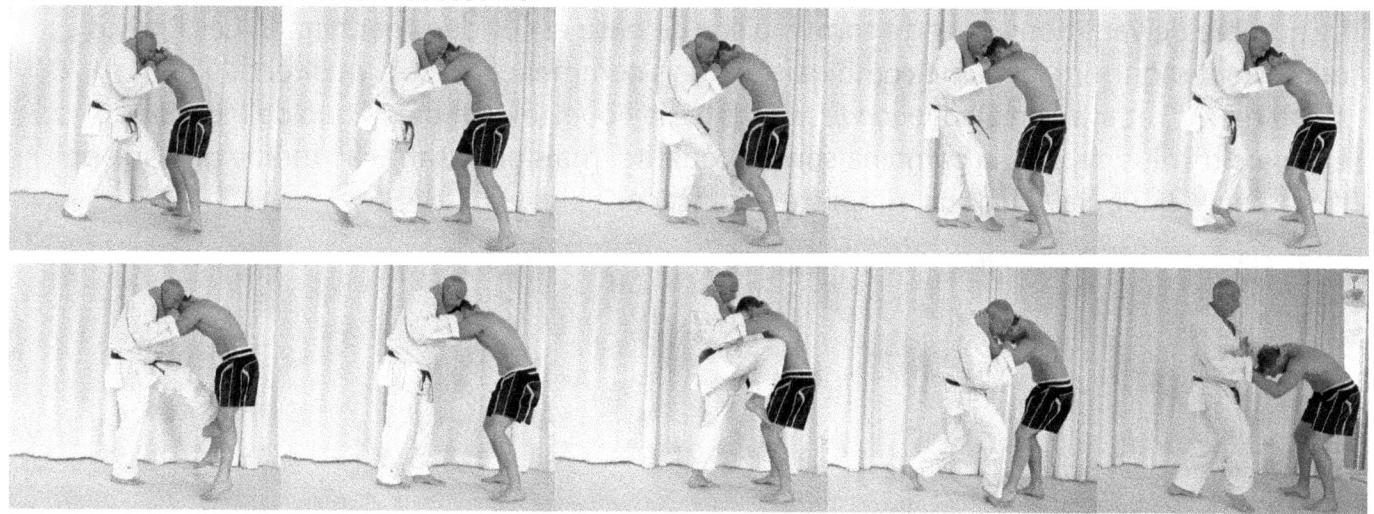

Une autre combinaison de corps-à-corps : le tibia intérieur est une cible très douloureuse

L'exemple suivant est illustré par une série de Photos en tête de la page suivante : Une combinaison agressive basée sur *l'alternance d'attaques hautes et basses, ainsi que l'alternance des angles d'attaque intérieurs et extérieurs*. Si vous parvenez à enseigner à votre corps d'exécuter de façon intuitive ce type de combinaisons, vous êtes en passe de devenir un combattant redoutable.

➡

...Vous confrontez votre agresseur et prenez l'initiative avec une combinaison de poings **haute** (*Jab/Cross*) qui cache l'envoi d'un douloureux Coup de Pied **Bas**. Le pied d'attaque atterrit à l'avant pour faciliter un puissant Coup de Pied Fouetté Circulaire **haut**. Attaquez du poing au visage pendant la descente de la jambe d'attaque, afin de garder ses mains occupées. Contrôlez son bras de devant tout en décochant un autre Coup de Pied **Bas** de face, éventuellement sur sa jambe arrière cette fois. Dans tous les cas, n'interrompez pas votre vague d'attaques jusqu'à la victoire, de préférence en alternant les attaques hautes et les attaques basses.

Alternez attaques hautes et basses pour embrouiller et blesser l'adversaire

Le nombre de variations de cette combinaison de base est évidemment infini. Les Photos qui suivent montrent la même combinaison, mais commençant avec un direct du poing solitaire (*Jab*) et avec un pied *rebondissant* entre le Fouetté haut et le Coup de Pied Bas. C'est une version plus pure de la combinaison précédente, mais obéissante au même principe de l'alternance *haut/bas/haut/bas*, simpliste et efficace.

Deux Coups de Pied Bas dans une combinaison offensive simple mais très efficace

...Les Dessins suivants illustrent l'utilisation du Coup de Pied comme 'assistant' au succès d'une clé de bras contre une attaque au couteau. Vous avez réussi à esquiver une attaque de pointe directe au corps et à contrôler le bras armé : tirez *violemment* et frappez le coude mis en hyper extension. Votre Coup de Pied Bas sert à '*ramollir*' l'assaillant pendant que vous enveloppez son bras par le haut, avec Coup de Coude en passant. Votre Coup de Pied Bas est devenu par la suite un *écrasement* du pied avant adverse (chambrée requise). Déboitez brusquement son coude pour le désarmer. Vous pouvez conclure par une projection classique par-dessus votre jambe avec un coup de coude dans le visage (illustré).

Le Coup de Pied Bas comme **'Assistant de Ramollissement'** *pour le succès d'une clé*

Et les Illustrations ci-dessous montrent une façon alternative de continuer après la même esquive sur la même attaque que précédemment. Le principe de '*ramollissement*' que nous essayons d'illustrer ici reste le même. Dans cet exemple, vous tirez sur son bras armé et gagnez le contrôle de son coude avec l'autre main. Simultanément, vous délivrez un Coup de Pied Bas de Face (de la jambe avant) au genou avant adverse. Continuez à tirer tout en utilisant votre autre jambe (arrière) pour exécuter votre Coup de Pied Bas à son même genou. Profitez du choc pour finaliser votre position de clé de bras. Désarmez-le en poussant la clé violemment et jetez-le au sol.

Les coups de pieds bas vous aident à placer votre clé de bras

Une autre utilisation importante de ce coup de pied en self défense se retrouve dans les techniques contre tentatives de saisir les revers, les épaules et la gorge. Les techniques concernées sont exécutées dans l'esprit *Aikido* et *Jiu Jitsu* : esquiver pour laisser l'assaillant '*enfoncer une porte ouverte*'. Votre jambe qui s'est 'enfuie' vers l'arrière rebondit sur le sol pour revenir attaquer sa jambe avant avec un Coup de Pied Bas. Dans cette position, vous pouvez alors suivre avec une projection classique de blocage de la cheville (*Sasae Tsuri Komi Ashi – Judo*). Le Coup de Pied Bas devient alors partie à part entière de la projection, comme dans le Jiu-Jitsu traditionnel d'antan : **Coup de Pied** plutôt que Blocage ou Balayage !

Le Coup de Pied Bas dans une projection de Judo

...Si votre agresseur vous a déjà saisi et votre retrait ne lui cause pas de déséquilibre, frappez ses deux avant-bras de haut en bas avec les poings marteaux ou avec les sabres des mains. Mais *simultanément* frappez le aussi d'un Coup de Pied Bas aussi puissant que possible au tibia ou au genou (Illustré). Suivez d'un Coup de Genou aux parties ou aux côtes flottantes tout en gardant le contrôle de ses deux bras (pas besoin de reposer le pied au sol entre les frappes). Vous pouvez continuer avec un Coup de Coude circulaire à la tête. Une conclusion logique serait la projection de Judo 'Koshi Guruma' (Roue autour de la Hanche) tout en lui cerclant le cou (Aussi *Kubi Nage* de Ju Jitsu).

Un Coup de Pied Bas vous aidera à 'ramollir' l'adversaire pour vous libérer d'une saisie

Le lecteur aura déjà compris que ce Coup de Pied est en fait une arme tous-usages pour la self défense. Il devrait être utilisé automatiquement dans toute situation surprenante. *La première série* de **Dessins** illustre comment donner le coup de pied tout en se penchant en arrière et en bloquant (ou en atténuant l'impact de) un coup de poing inattendu. Le pied est alors reposé en arrière dans un grand pas qui vous met hors d'atteinte de l'assaillant. Pivotez alors pour le stopper avec un Coup de Pied Arrière Court aux côtes. Selon le même principe, vous pouvez attaquer avec un Coup de Pied Bas de provocation, feindre une retraite, mais revenir vers lui en force avec un Coup de Pied Latéral (*Seconde Série de* **Photos**).

Coup de Pied, Retraite, Coup de Pied arrière inattendu

Coup de pied Bas, Retraite, Retour avec Coup de pied Latéral

...La première série de photos qui suit illustre une fois encore une application venant du Judo ancien, encore proche de son ancêtre Jiu-Jitsu plus réaliste. Le Coup de Pied Bas est utilisé pour bloquer le genou adverse et ainsi causer sa chute. Cette technique est similaire à la plus douce projection de Judo contemporain nommée Hiza Guruma, mais avec un puissant coup de pied et une projection plus latérale. La seconde série de Photos montre une application de cette technique : votre adversaire se lance dans une attaque fouettée de la jambe avant que vous esquivez vers l'avant et l'intérieur. Saisissez l'attaquant et exécutez le coup de pied sur le genou de sa jambe de support, tout en le tirant vers le sol.

*La version frappée de **Hiza Guruma** du Judo ancien*

*Coup de Pied Bas en **Hiza Guruma** tout en s'enroulant dans un Coup de Pied Fouetté adverse*

Les Illustrations qui suivent montrent un autre usage de ce Coup de Pied : aider à mettre un adversaire au sol et à lui placer une clé. Il ne s'agit pas d'un balayage mais d'un véritable **coup de pied** au tibia dont le but est : de faire mal, de déséquilibrer encore plus, et d'aider sa jambe à aller dans la 'bonne' direction. Dans l'exemple présenté, vous bloquez un coup de pied adverse et saisissez sa jambe 'en cuillère'. Un Coup de Pied Bas sec à sa jambe d'appui, tout en soulevant le genou encerclé, devrait l'envoyer au sol. Joignez vos mains pour le début d'une *clé de hanche*. Passez au-dessus de sa jambe tout en délivrant un coup de pied aux testicules. Continuez votre pivot naturel ; vous pouvez même donner un coup de pied écrasant à la tête ou à la colonne vertébrale en passant. Cette clé de hanche est <u>extrêmement dangereuse</u> et doit être pratiquée avec beaucoup de **prudence**.

Le Coup de Pied Bas vous aidera à réussir l'amenée au sol et à placer la clé avec moins de résistance

Et nous concluons cette partie avec l'exemple d'une simple combinaison d'attaque très versatile, présentée dans les Photos ici-bas. Vous commencez avec un Coup de Pied Bas au tibia avant de l'adversaire, et votre pied d'attaque rebondit directement de son tibia en chambrée régulière de Coup de Pied de Face. De cette position, s'exécute un Coup de Pied de Face Pénétrant (*Kekomi*) vers ses testicules, ses côtes flottantes ou son plexus solaire (Pour être clair : sans reposer le pied au sol !). Le pied revient après impact et, à nouveau sans toucher le sol, part balayer de l'extérieur la jambe adverse affaiblie. Suivez avec une attaque haute ; un Coup de Paume par exemple. Cette entière combinaison marche bien parce qu'elle est rapide et légère, parce que le balayage attaque une jambe dont l'adversaire retire instinctivement du poids, et parce que vous suivez avec des attaques venant d'hors de son champ de vision. Dans le cas spécifique d'une situation de self défense, le Coup de Pied Avant devient un rapide Coup de Pied Ascendant aux parties qui s'emmanche avec naturel au Coup de Pied Bas le précédant. On peut aussi noter que le Coup de Pied Bas lui-même pourrait aussi être un simple Coup de Pied Bas de Face classique (présenté dans le Chapitre suivant).

Une combinaison rapide et efficace, sans poser le pied

Addendum

Comme déjà mentionné, les coups de pied bas en général, et ce Coup de Pied Bas spécifique en particulier, sont particulièrement efficaces comme **Coups De Pied d'Arrêt** : ils sont rapides, efficaces et difficiles à repérer à temps. De nombreux exemples sont présentés dans notre livre sur les Coups de Pied d'Arrêt (*Stop Kicks*), et nous en présentons juste un exemple très simple pour stimuler l'appétit du lecteur. Le Coup de Pied Bas est sans aucun doute la meilleure façon de bloquer un Coup de Pied de Face au début de son développement (Illustré). Mais c'est avant tout **un Coup de Pied**.

Le Coup de Pied Bas comme Coup de Pied d'Arrêt ou comme Blocage de Jambe

2. Le Coup de Pied Bas de Face

The Front Low Kick, Teep Robgaun (Muay Thai), Gedan Mae Geri (Karatedo)

Général

Il s'agit tout simplement de la version basse du Coup de Pied Pénétrant de Face de base. Ce coup de pied nécessite un minimum de chambrée pour être efficace, mais, comme déjà mentionné dans l'introduction, la 'quantité' de chambrée dépend de vous et de la situation. C'est un coup de pied très rapide et très efficace en situations de self défense, spécialement si vous portez des chaussures **à semelle rigide**. Frapper un tibia ou un genou avec la pointe dure d'une chaussure cause énormément de douleur. Mais si vous êtes pieds nus, vous connecterez avec la balle du pied, sous les orteils, juste comme pour le Coup de Pied de base Frontal (plus élevé).

Ce coup de pied est lui aussi très utile comme *Coup d'Arrêt*, comme sera illustré plus tard (Voir Photo). Ce Coup de Pied peut aussi être employé comme une violente amenée au sol (Voir seconde Photo).

Le Coup de Pied Bas de Face est un coup d'arrêt fantastique

C'est généralement un coup de pied de la jambe arrière, mais il peut parfois être exécuté de la jambe avant, surtout dans les versions de coup d'arrêt comme sera illustré dans les **Applications**. C'est aussi, de nouveau, un coup de pied naturel pour les situations de combat rapproché comme le 'Clinch' (corps à corps). Voir Photo 3.

Le Coup de Pied Bas de Face comme amenée au sol

Le Coup de Pied Bas de Face au tibia arrière, en corps à corps

Description et Variantes

Les Dessins ci-dessous illustrent l'exécution classique : levez le genou jusqu'au point où l'extension naturelle de la jambe amène la balle du pied juste sur la cible. Une chambrée est nécessaire pour cette technique, mais ne dépassez pas ce point maximum ; c'est tout à fait inutile. L'Illustration est très claire, et le lecteur est invité à la comparer au Dessin correspondant de la section suivante traitant du même Coup de Pied mais ciblant cette fois le niveau des testicules. (Le principe reste le même, mais la hauteur supérieure de la cible justifie une chambrée un petit peu plus haute).

Chambrée du genou, mais pas plus que nécessaire

...Présentée ci-dessous est une application typique de ce coup de pied qui devrait être pratiquée ne fut-ce que comme exercice de vitesse, de souplesse et de rétraction. C'est en fait une simple variation de la combinaison présentée dans la section précédente (Le Coup de Pied Bas est remplacé par un Coup de Pied Bas de Face). Le Coup de pied Bas (de face ou non) sert de feinte et de distraction douloureuse, alors que le pied d'attaque 'rebondit' sur le tibia adverse pour devenir un Coup de Pied de Face classique Pénétrant au corps. Dans l'exemple illustré : votre adversaire attaque du poing avant (*Jab*) et vous vous penchez en arrière tout en contrôlant son poing et en exécutant le Coup de Pied Bas de Face à son tibia avant. Vous rétractez immédiatement et, sans reposer le pied, vous exécutez un coup de pied pénétrant de face à ses côtes exposées (C'est un *Double Coup de Pied* qui mérite beaucoup d'entrainement, même si seulement pour le travail de vitesse et d'excellence de coups de pied en général). Vous pouvez suivre en l'attaquant au visage avec un Coup de Paume tout en 'atterrissant' (gardez contrôle de son bras). Vous pourriez alors le balayer. C'est ce genre de combinaison qui illustre combien important il est de travailler sur les Coups de Pied Bas pour développer la faculté de frapper **facilement avec énorme puissance.**

*Un **Double** Coup de Pied très versatile qui commence avec le Coup de Pied Bas de Face*

Evidemment, juste comme le Coup de Pied Bas précédent, le Coup de Pied Bas de Face peut être utilisé comme **Coup de Pied de Coupe**. (Rappel : le Coup de Pied de Coupe, ou '*Cutting Kick*', attaque la jambe d'appui d'un adversaire au milieu d'un coup de pied). La série de Photos illustre un tel coup de pied délivré après avoir bloqué et contrôlé un Coup de Pied de Face adverse. Il est clair que le principe reste le même pour le très proche coup de pied précédent (Illustré par la dernière Photo).

Bloquez le coup de pied et frappez le tibia de la jambe d'appui

La technique est presque identique au Coup de Pied Bas de la section précédente

...Les Dessins ci-dessous montrent l'utilisation du Coup de Pied dans une combinaison **agressive** contre un adversaire que vous contrôlez déjà en '*guillotine*'. Cela peut paraître violent à certains, mais c'est une technique courante dans les combats d'Arts Martiaux Mixtes. Dès que vous avez pris contrôle de l'adversaire en clé de cou, vous exécutez votre premier Coup de Pied Bas de Face au tibia pour le forcer à reculer les pieds et les hanches. Ce retrait instinctif le rendra encore plus étranglé et plus vulnérable. Vous reposez votre pied d'attaque à l'arrière pour avoir la place et l'élan nécessaire à un coup de genou vers sa tête immobilisée. Suivez immédiatement d'un autre Coup de Pied Bas de Face à son autre tibia, tout en maintenant la clé de cou très serrée, et puis surprenez le avec un coup de genou volant à la tête. Continuez à le marteler ainsi jusqu'à son abandon. On pourrait considérer cette combinaison comme une *haute/basse/haute/basse* un peu particulière ; mais de toute façon, elle devrait faire beaucoup pour saper la volonté de combattre de votre adversaire.

En Clé de cou 'Guillotine', alternez les coups de genou et les Coups de Pied Bas de Face

Les Photos suivantes illustrent une fantastique petite combinaison de corps à corps **à deux temps** qu'il est impératif de pratiquer avec assiduité : Frappez son tibia avant, et puis sautez pour changer de jambes en l'air et frapper son autre tibia avec votre autre pied. Continuez vos attaques pour conclure. C'est une technique très simple mais extrêmement efficace quand maitrisée. C'est aussi et surtout un important **exercice** pour le développement général de la vitesse et qui a d'importants attributs *plyométriques*.

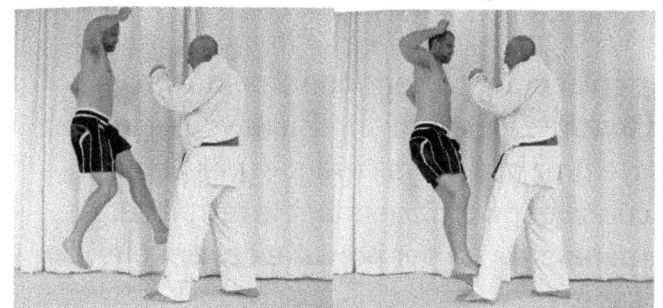

Un/deux ; changez de jambes en l'air pour un double coup de pied éclair

La combinaison marche bien quel que soit la jambe avant adverse

LE COUP DE PIED BAS DE FACE

Un autre usage intéressant de ce coup de pied est la **contrattaque**, comme mentionné dans l'introduction. Les Photos montrent comment reculer *juste assez* pour esquiver un Coup de Pied de Face au corps, pour alors venir frapper le tibia de sa jambe qui atterrit. Vous pouvez connecter avec la balle de la plante du pied, ou même avec toute la plante du pied dans un mouvement plus écrasant. Suivez alors, par exemple d'un Fouetté haut de l'autre pied.

Esquivez vers l'arrière et donnez un coup de pied au tibia de la jambe qui se repose au sol ; le contact se fait avec la balle ou la plante du pied

Une variante intéressante de ce Coup de Pied est en fait la version **basse** du Coup de Pied de base **de Face Incliné vers l'Extérieur**. Cette variation vous permet d'attaquer le côté intérieur de son genou avant, avec les mêmes principes de chambrée et de vitesse (Voir Photo). *Le Coup de Pied de Face Incliné vers l'Extérieur* est illustré à la fin de la section, pour rappel ou pour information.

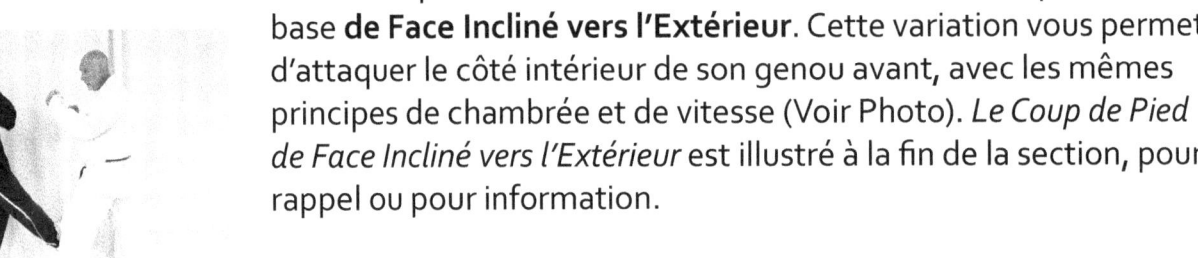

*Le Coup de Pied **Bas** de Face Incliné vers l'Extérieur*

Une autre variante importante de ce Coup de Pied, que nous aurions pu présenter séparément, est **le Coup de Tibia à la cuisse intérieure** adverse. C'est une excellente technique à utiliser si vous vous trouvez près de l'adversaire, et ce par déplacement intentionnel ou de par les hasards du combat. Les dessins *en haut de la page suivante* illustrent comment vous esquivez de côté tout en prenant contrôle de sa nuque. Vous le tirez alors vers l'avant et vers le bas. Délivrez votre Coup de Tibia dans l'intérieur de sa cuisse et pivotez pendant le retrait sec de la jambe d'attaque. Vous pouvez alors suivre en l'amenant au sol par poussée de la nuque, ou *comme illustré*, avec un Coup de Pied Fouetté au visage.

→

Coup de Tibia à l'intérieur de la cuisse

Les Dessins suivants présentent une application de self défense de ce Coup de Tibia, mais avec les *testicules* comme cible cette fois. C'est une défense contre menace d'arme à feu dans le dos. Si le pistolet est en contact avec votre dos et s'il n'y a pas de danger qu'une balle perdue ne puisse blesser aucun innocent pendant la manœuvre, vous pouvez pivoter sur place, balayer la main armée et l'encercler tout en attaquant d'un coup de coude circulaire à la tête. C'est une technique simple et moins dangereuse qu'elle ne parait. Le **Coup de Tibia aux parties** coule très naturellement dans le mouvement et la douleur vous permettra de saisir l'arme, de la lui retirer en lui cassant le doigt dans la gâchette par un mouvement de pivot brusque et de le frapper à la tête avec l'arme elle-même (Série classique de *Krav Maga*).

En situation de self défense, ciblez directement les testicules

3   4   5   6

Cibles

Les tibias, les genoux, les cuisses (Illustré) et les testicules. La partie supérieure du corps est aussi possible si votre adversaire est penché en avant (Voir section Self défense ici-bas).

Coup de Pied Bas de Face à la cuisse arrière de l'adversaire

Points clés

- *Garde haute.*
- Il faut toujours *chambrer*, au moins un minimum ; c'est un vrai Coup de Pied de Face.
- Il faut toujours *ramener* le pied avec vigueur après impact, quel que soit le suivi.
- Frappez quelques centimètres *derrière la surface* de la cible.

LE COUP DE PIED BAS DE FACE

Applications Typiques

En plus des applications présentées dans la section **Description**, nous devons mentionner la version 'jambe avant' du Coup de Pied Bas de Face. Les **Coups de Pied d'Arrêt Bas** sont généralement mieux réussis comme coups de pied rapides de la jambe avant. Nous en parlons beaucoup dans notre ouvrage sur les Coups de Pied d'Arrêt (*Stop Kicks*), et nous ne traitons ce sujet ici que de façon très succincte. Les Photos décrivent ce qui est nommé bien a raison **Coup de pied d'Obstruction**. C'est une version plus '*poussée*' du Coup de Pied de Face dont le but est de stopper le début d'un geste adverse, que ce soit un déplacement, un coup de poing ou un coup de pied. En exécutant le Coup de Pied au-dessus du genou, vous arrêtez tout déplacement avant. Vous pouvez suivre immédiatement d'un coup de poing avant rapide et d'un autre coup de pied. C'est une technique très utile et très prisée des combattants *Muay Thai*, aussi exécutée au tronc et appelée *Teep Kick*.

Coup de pied d'Obstruction : juste au-dessus du genou ou un petit peu plus haut

Les Photos suivantes illustrent une application de cette version (**d'obstruction** de la jambe avant) du coup de pied. Dès que votre adversaire présente les signes avant-coureurs du début d'un mouvement d'attaque, délivrez un coup de pied de Face 'poussant' pour le stopper. Cette préemption de son attaque va contrecarrer ses plans. Vous pourriez suivre en le plaquant par les deux jambes, par exemple.

'Teep Kick' *à la jambe avant pour préparer un plaquage*

Entrainement spécifique

- De tous les exercices déjà mentionnés dans le texte, le lecteur est invité à s'entrainer spécifiquement aux versions *d'arrêt* et à la version du *double* Coup de Pied de Face.
- Le retour aux *bases* est aussi conseillé, et donc l'entrainement au Coup de pied Pénétrant de Face original.
- Le Coup de Pied Bas de Face doit être pratiqué aussi en portant des *chaussures*.
- Les Coups de Pied Bas ont l'air faciles, mais ils requièrent un *entrainement* sérieux pour le développement de puissance : frappez le sac et le vieux pneu pour apprendre à exécuter à la fois avec force, avec vitesse et avec pénétration.

Self défense

Les Dessins ci-dessous illustrent l'utilisation du Coup de Pied contre un assaillant qui essaye de vous étrangler. Il faut évidemment réagir le plus tôt possible, avant même qu'il soit près assez pour pouvoir vous saisir. Penchez-vous en arrière tout en frappant son tibia, et suivez immédiatement d'un coup de pied aux parties et d'un '*Low Kick*' circulaire (Fouetté Bas avec jambe tendue, style *Muay Thai*).

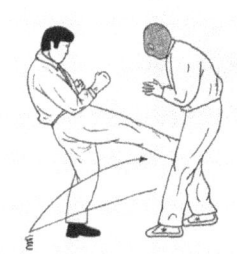

Stoppez l'assaillant sur place avec un Coup de pied Bas de Face

Les Photos qui suivent montrent l'usage du Coup de Pied sur un adversaire jeté au sol ou forcé à s'agenouiller par le combat. Ce n'a pas l'air très '*fair play*', mais c'est tout à fait légitime en situation de self défense ou dans un match MMA ou les règles l'autorisent. Les cibles sont alors le visage, les épaules avant et les côtes (Dans ces cas-là, vous pouvez frapper avec la partie supérieure du pied). Juste n'oubliez pas de frapper '**dans**' la cible, quelques centimètres au-delà de la surface.

Frappez du pied un adversaire déjà au sol, et suivez

Frappez aux côtes d'un adversaire à quatre pattes

Pour conclure cette section, nous donnons un exemple d'une projection par Coup de Pied Bas de Face. Cette technique pourrait être aussi un balayage moins violent, mais pour nous, ce sera un **Coup de Pied** à puissance maximum qui a aussi l'effet secondaire de projeter l'adversaire au sol. La technique serait aussi possible avec un Coup de Pied Bas (de type 'soccer'), mais dans cet exemple, il s'agit d'un Coup de Pied Bas de Face qui frappe avec la cheville. Les dessins montrent clairement le blocage de saisie contre un coup de poing marché classique. Vous frappez alors au visage en tirant son bras vers l'avant et vous vous déplacez vers son côté extérieur. Délivrez alors votre Coup de Pied *au travers de sa cheville* avant et vers son côté arrière-extérieur ; simultanément vous le tirez vers son côté intérieur. Il devrait tomber de face avec une jambe amochée. Suivez.

Projection par Coup de Pied, simple et efficace

Photos Illustratives

Le Coup de Pied Pénétrant de Face, de base et au niveau moyen

Le Coup de Pied de Face Incliné vers l'Extérieur, de base et au niveau moyen

Addendum

Il y a une variation du Coup de Pied Bas de Face que nous avons omis dans les éditions précédentes. C'est une version très spécifique de Self défense qui se prête mieux à l'utilisation avec des chaussures 'dures' et qui rappelle un peu le coup *'Racle et Ecrase'* déjà rencontré plus haut. **Le Coup de Pied Bas de Face avec Raclage vers le Haut** cible le bas du tibia et *racle* alors le tibia vers le haut jusqu'au genou. Cela peut avoir l'air un peu simplet, mais c'est extrêmement douloureux de par la richesse du tibia en terminaisons nerveuses. C'est une technique pour les situations de close combat, mais qui vaut la peine d'exécuter quand c'est possible. Il faut cependant se souvenir de frapper à la fois vers l'avant et vers le haut, pour *'pénétrer'* et gratter *en profondeur*.

Le Coup de Pied Bas de Face de Raclage du tibia

Et pour rappeler au lecteur l'importance du Coup de Pied Bas de Face comme **Coup d'Arrêt**, voici un exemple tiré de notre livre *'Stop Kicks'*.

Coup de Pied Bas de Face préemptif et écrasant ; suggestion de suivi

Il est clair que des coups de pied visant les membres inférieurs peuvent aussi être exécutés à partir du **sol**, comme traité en détail dans notre ouvrage *'Ground Kicks'*. Mais nous avons choisi d'en extraire plutôt un exemple de **Coup de Pied Executé en se (Re)levant.**

La descente va aider la clé de poignet et la rupture de la saisie ; la remontée va aider la puissance du Coup de Pied

Les Coups de Pied Bas sont des **Coups de Pied Fantômes** par excellence. L'étudiant sérieux se doit de donner à ses coups de pied le plus de *furtivité* que possible ; et c'est encore plus vrai pour ses coups de pied bas. Nous présentons ici en exemple la façon selon laquelle le Coup de Pied Bas de Face est exécuté dans certains styles de *Kung Fu* du Sud, où il est employé énormément. Le Coup de Pied se fait de la jambe avant et de la façon la plus indétectable possible : le pied arrière glisse derrière le pied avant pour un demi-pas caché, les mains restent hautes pour garder l'attention adverse et la tête reste au même niveau pour dissimuler le déplacement au maximum. Le pied avant '**explose**' le plus rapidement possible vers le tibia adverse et vise plus précisément juste en dessous de la rotule pour des dommages maximaux. Ce type de Coup de pied Bas de Face a plusieurs dénominations selon les styles, toutes se référant à des fantômes, des ombres ou l'absence d'ombre. Furtivité, sans télégraphier. '*Stealth*'

Le Coup de Pied Fantôme Bas de Face

Et comme exemple ultime, nous allons rappeler au lecteur que presque toutes les variations de base du Coup de Pied de Face classique peuvent être adaptées à frapper bas. Le Dessin montre comment attaquer de face le côté sensible du genou adverse : tout simplement avec la version *Inclinée vers l'Extérieur du Coup de Pied de Face.*

3. Le Coup de Pied de Face aux Testicules

The Groin Front Kick, *Kin Geri (Karatedo)*

Général

Le '*Coup de Pied de Face Montant*' et le '*Coup de Pied De Face Montant Jambe Tendue*' sont des Coups de Pied de base, déjà présentés dans d'autres ouvrages. Nous exposons ici l'aspect spécifique d'attaque aux testicules de ces coups de pied, et ce, de par leur utilité dominante pour le combat réel et les situations de self défense. Il est inutile d'ajouter quoi que ce soit à l'importance des parties comme cible de choix, et la série classique de *Krav Maga* ci-dessous l'illustre bien. Les Coups de Pied que nous allons présenter sont identiques aux Coups de Pied de base déjà nommés, mais ils ciblent exclusivement les testicules. D'autres Coups de Pied de base sont spécialement adaptés a l'attaque des parties, comme le Coup de Pied Soulevé (*Lift Kick*) et le Coup de Pied Fantôme aux Testicules (*Ghost Groin Kick*) ; le lecteur est invité à consulter notre '*Grand Livre des Coups de Pied*' pour compléter son arsenal de Coups de Pied aux parties.

Le redoutable Coup de Pied de Face aux Testicules en contre

*Série de **Krav Maga** classique: dégagement d'une saisie des cheveux avec un Coup de Pied de Face aux Testicules pour 'amollir' l'assaillant*

*Autre série classique de **Krav Maga** : Dégagement d'une saisie des deux poignets, avec le Coup de Pied de Face aux Testicules comme conclusion*

Description

Le Coup de Pied aux Testicules ne doit pas être nécessairement puissant: la vitesse et l'absence de télégraphe sont des qualités bien plus importantes. Le Coup de Pied peut être exécuté avec le pied avant ou le pied arrière, sur place ou avec un sautillement, ou après un déplacement. Une certaine chambrée est requise, mais de nouveau, pas plus que nécessaire pour pouvoir compléter la trajectoire directe (Voir Dessin). Le contact se fait avec le dessus du pied ou de la cheville. L'illustration qui suit ici-bas montre une exécution du pied avant, légèrement sautée.

*Coup de Pied de Face aux Testicules **de la jambe arrière** ; la chambrée du genou ne dépasse pas la hauteur suffisante*

*Coup de Pied aux Testicules **de la jambe avant***

Points clés

- *Ramener* la jambe avec puissance : revenir immédiatement en position originelle de chambrée et ne pas laisser son pied traîner. L'effet de '*fouet*' augmente les dégâts dans la région visée.
- Ne pas oublier de frapper en profondeur *dans* la cible, pas sur la surface.
- Feinter vers les yeux adverses pour garder l'attention vers le haut, *ou* bien garder le corps au-dessus de la ceinture tout à fait immobile pour éviter tout télégraphe.

LE COUP DE PIED DE FACE AUX TESTICULES

Applications typiques

Les Photos ci-dessous décrivent une application de base typique de Karaté *Sankukai*. Le style Sankukai a été fondé par le champion Japonais *Yoshinao Nanbu* et est très populaire en France ou il s'était installé. C'est un style dynamique et très basé sur les évasions et les techniques circulaires. L'application présentée est un exercice codifié enseigné comme '*Ippon Kumite Godan*' et qui se retrouve aussi dans le Kata de base '*Randori Ni no Kata*'. Un Coup de Pied Pénétrant de Face est esquivé vers l'intérieur pour rendre possible un Coup de Pied aux Parties de la jambe arrière presque simultané, alors que la jambe d'attaque adverse est encore en l'air. Dans l'exercice préparatoire moins sophistiqué qui est présenté dans les premières photos du chapitre, l'esquive est rendue plus sûre par un blocage et une saisie ; mais au lecteur de bien noter que la saisie de la jambe adverse est abandonnée pendant l'exécution du Coup de Pied aux parties, afin de causer la 'tombée' de l'assaillant sur le Coup de Pied en train de monter.

Coup de Pied aux testicules pendant l'esquive pure d'une attaque par Coup de Pied de Face ; la rapidité est essentielle

Les Photos suivantes illustrent une application du Coup de Pied contre un utilisateur fréquent du Coup de Pied Circulaire Retourné (*Spin-back Hook Kick*). Dans notre exemple, vous esquivez d'abord son '*Low Kick*' préparatoire en levant votre jambe avant, pour ensuite vous accroupir sous son Coup de Pied Circulaire Retourné haut. Tapissez-vous autant que permis par votre style spécifique ou par votre physiologie : un Artiste de *Capoeira*, par exemple, s'accroupirait très bas et utiliserait ses membres supérieurs pour rebondir. Relevez-vous dès que le Coup de Pied adverse est passé par-dessus, et donnez votre Coup de Pied aux Parties pendant l'atterrissage de son pied d'attaque. Vous pouvez aussi en profiter pour lui ajouter un Coup de poing au visage, pour faire bonne mesure.

Baissez-vous sous un Coup de Pied Circulaire Retourné, et relevez-vous tout en attaquant ses testicules offertes

Entrainement Spécifique

Entraînez-vous à la vitesse sur un sac qui pend avec le fond à hauteur du bas-ventre. Faites attention à exécuter le Coup de Pied sans le télégraphier et à partir de différentes distances.

Self défense

Les dessins ici-bas illustrent une technique de self défense très efficace, à utiliser chaque fois que vous vous trouvez hors du champ de vision de votre assaillant. Esquivez une attaque directe sur le côté *extérieur* de votre adversaire tout en gardant le contrôle de son bras avant. Pivotez pour exécuter un Coup de Pied de Face Montant **par derrière**, qui frappera ses testicules avec le dessus de votre cheville ou même de votre tibia. Seulement à ce moment, relâchez son bras pour attraper ses deux chevilles ; tirez les violemment vers l'arrière tout en frappant le bas de son dos avec le haut de votre crâne. Cela va lui causer une chute brutale vers l'avant. Comme vous tenez encore ses deux jambes ouvertes, vous pouvez lui donner un second coup de pied aux parties, pendant sa chute. Vous avez alors à disposition un grand éventail de techniques pour suivre : nous avons ici choisi un *Coup de Pied Ecrasant* sur la **cheville** pour le neutraliser, mais cela pourrait être aussi bien un *Coup de Pied Ecrasant Volant* ou simplement un saut sur son dos si vous êtes un bon combattant de soumission au sol.

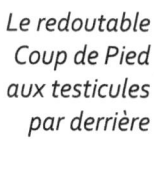

Le redoutable Coup de Pied aux testicules par derrière

3

4

5

6

Photos Illustratives

*Le Coup de Pied de Face **Montant**, de base*

Le Coup de Pied de base, Montant de Face **Jambe Tendue**

Le Coup de Pied Soulevé de Face, de base **(Lift Kick)**

Le Coup de pied de base, **Fantôme** *de Face aux Testicules (Front Groin Ghost Kick)*

Vieille Photo : Coup de pied Bas en tournoi -**Roy Faige**

Addendum

Comme déjà mentionné a maintes reprises, les Coups de pied Bas sont de fantastiques **Coups de Pied d'Arrêt**. En outre, il est inutile d'expliquer le pouvoir d'arrêt spécifique d'un coup de pied au bas-ventre. Plusieurs des exemples déjà rencontrés illustrent aussi combien adéquats sont les coups de pied aux testicules contre un adversaire exécutant lui-même un Coup de Pied. L'exemple supplémentaire, présenté maintenant *en haut de la page suivante*, est extrait de notre livre sur les Coups de pied d'Arrêt (*Stop Kicks*). Il illustre l'utilisation du Coup de Pied de Face aux Testicules à nouveau contre un adversaire exécutant un Coup de Pied Circulaire Retourné. Frappez rapidement de la jambe avant pendant qu'il pivote en levant la jambe, offrant ainsi ses parties sans protection. C'est une attaque aux testicules **par l'arrière,** et vous pouvez aussi 'crocheter' pour causer encore plus de dommages comme sera expliqué plus loin dans ce chapitre. Quand la jambe adverse atterrit, vous pouvez éventuellement l'attraper par les épaules et le balayer. La confrontation pourrait alors se conclure d'un Coup de Pied en Hache (*Axe Kick*) : descente de la Jambe tendue du plus haut possible et frappe du talon.

Coup de Pied d'Arrêt 'timing' aux testicules de la jambe avant ; notez le retrait partiel en posture 'de chat'

Une variation de ce Coup de Pied, omise dans les éditions précédentes, est la version '**penchée en arrière**' qui est très typique des styles de *Kung Fu* du Sud. Cette version est facile, rapide et a l'avantage de retirer votre tête de la zone générale de danger de contre. C'est aussi une version un peu sournoise, dans le sens positif développé dans notre ouvrage sur les Coups de Pied Fantômes (*Stealth Kicks*). La penchée du tronc vers l'arrière a un effet contre-intuitif et donne la fausse impression de retraite ou de recroquevillement peureux. En plus, la penchée attire l'attention vers le haut, alors qu'en bas...

Coup de pied d'arrêt fantôme aux parties avec penchée en arrière

Une autre variation mentionnée plus haut, est le **Coup de pied Crocheté aux Testicules**, qui est spécialement indiqué si vous attaquez par l'arrière. La technique marche aussi très bien de l'avant, mais elle requiert d'aller plus loin entre les jambes adverses avant impact, ce qui n'est pas toujours pratique. L'effet de crochetage est similaire à celui des Coups de Pied Crochetés Arrières (**Hooking Back Kicks**) présentés dans nos ouvrages précédents. Le principe est de frapper les testicules de par-dessous et puis de retirer vers l'arrière tout en continuant de monter ; cela a l'effet d'accrocher les parties et de les tirer en mouvement ressemblant un arrachement. C'est plus facile à exécuter qu'à expliquer.

Crochetez les testicules pour plus de dommages

L'exemple suivant, illustré au début de la page suivante, est une version appliquée de la variante '**Coup de pied de Face sur le Côté**' de l'attaque des parties. Le Coup de Pied de Face sur le Côté', décrit dans notre ouvrage sur les coups de pied de base, est simplement un Coup de Pied de Face délivré sur le côté ou en oblique vers le côté extérieur. Le développement du coup de pied est tout à fait celui d'un Coup de pied de Face, mais l'angle d'attaque est **diagonal** et surprenant. Les dessins montrent un '*Low Kick*' esquivé vers l'avant et stoppé/contré par un Coup de Pied aux testicules, qui s'exige presque naturellement. ➔

...

Esquivez vers l'avant en attaquant du poing ; le pied arrière part alors directement pour les parties

Les Coups de Pieds aux Testicules sont aussi les techniques de choix quand vous êtes **au sol** : vous êtes difficile à frapper et les tibias **et parties** adverses sont à portée facile de vos pieds. Si votre adversaire n'est pas un bon combattant de sol, votre position par terre peut être avantageuse. De nombreux exemples sont présentés dans notre livre sur les Coups de Pied au Sol (*Ground Kicks*). Mais l'exemple extrait présenté ici n'est pas typique car partant d'une position à genoux ; c'est pourtant un exemple intéressant et un excellent exercice d'entraînement général.

Une série de Ju-Jitsu traditionnel : Esquive et saisie, Coup de pied de Sol de Face aux testicules, écrasement et Poussée

Les deux derniers exemples sont là pour rappeler au lecteur l'importance de l'attaque des testicules **en self défense**. Il est clair que les parties sexuelles adverses sont une cible de choix dans une confrontation réelle. *Mais il nous faut ici souligner deux choses importantes à ne pas oublier.* **Tout d'abord**, il faut savoir qu'un Coup de pied aux Testicules dans une situation réelle se doit toujours d'être **puissant** et de **pénétrer** la cible de quelques centimètres. Malgré la grande sensibilité de la cible, une touche légère (comme à l'entrainement) ne suffira pas dans une situation chargée d'adrénaline. Souvenez-vous aussi du fait que vous pourriez rater de peu la cible précise ; dans ce cas, seul le choc d'une approximation très puissante suffira à causer une réaction de votre adversaire. <u>*Frappez toujours le plus fort possible, entrainez-vous à la puissance de frappe et pénétrez toujours dans la cible.*</u>

Le deuxième point important à mentionner, c'est que même un Coup de Pied puissant aux Testicules bien ciblé *peut ne pas être suffisant* ! Et je l'ai vu de mes propres yeux. Un très haut niveau d'adrénaline, la drogue, l'alcool et les maladies mentales peuvent rendre les gens insensibles à la douleur. Les Coups de Pied aux Parties se doivent d'infliger une douleur intenable pour terminer un combat. Si l'adversaire ne ressent pas de douleur, cette technique devient pratiquement inutile, comme beaucoup d'autres. Dans le cas peu enviable d'un combat avec un assaillant drogué ou insensible à la douleur pour d'autres raisons, il ne reste plus que deux alternatives en combat non-armé : ***destruction de membres ou étranglement.***

Une destruction de membre, comme casser des articulations de ses bras ou jambes, a pour but de rendre l'adversaire incapable de continuer à vous attaquer ou de vous poursuivre. Les articulations des genoux et des chevilles sont des cibles de choix, mais les coudes, doigts, poignets et épaules sont possibles aussi. Les techniques recommandées (décrites dans notre ouvrage '*Joint Kicks*' en préparation) sont les écrasements et les coups de pied aux articulations 'dans leur mauvaise direction'.

L'autre façon de gagner un combat contre de tels agresseurs est de les **étrangler** jusqu'à évanouissement ; ce qui requiert un entrainement sérieux et du contrôle de soi. Cela a aussi un gros désavantage clair s'il y a plus d'un assaillant (Il est alors recommandé de se mettre dos au mur et d'utiliser l'adversaire étant étranglé comme 'bouclier'). Mais l'Art de l'étranglement (*Shime Waza*) est une discipline exigeant un entrainement intense sous la supervision d'un instructeur qualifié.

Tout ceci étant dit, les Coups de Pied aux parties restent généralement une arme excellente en cas de confrontation réelle. Dans le premier exemple illustré ici-bas, un coup d'arrêt préventif stoppe tout à son début l'attaque d'un agresseur armé d'un bâton. Vous prenez alors contrôle du bras armé tout en délivrant un coup de poing et vous exécutez votre Coup de Pied aux Parties pendant que son attention se concentre sur votre saisie. Suivez avec un Coup de Coude par exemple.

Application offensive du coup de pied aux testicules en self défense

Le dernier exemple devrait rappeler au lecteur de frapper les testicules *le plus tôt possible* dans une confrontation. Dès qu'un agresseur vous attrape au corps par derrière sous les bras, vous le frappez immédiatement d'un coup de coude circulaire arrière à la tête (penchez-vous en avant pour 'ouvrir' la trajectoire). Frappez alors ses mains jointes et attrapez *un doigt*. Pivotez en forçant le doigt vers l'arrière et le bas et attaquez les testicules *dès que vous êtes en position de le faire*. Suivez avec un nouveau coup de coude, **tout en gardant contrôle (douloureux) de son doigt.**

Saisie au corps par derrière: coup de pied aux parties dès que vous trouvez face à l'assaillant

4. Le Coup de Pied Ecrasant de Face avec Haute Chambrée

The High-chambered Stomp Front Kick, Mae Fumikomi (Karatedo)

Général

Le Coup de Pied Ecrasant de Face en corps à corps

Les coups de pied écrasants ne devraient être nommés tels que s'ils sont précédés d'une *haute chambrée*. Ils sont très faciles à apprendre et sont très efficaces contre un tas de cibles que nous allons mentionner. C'est aussi, à nouveau, un coup de pied de choix pour la *défense de soi*, surtout si vous portez des chaussures de ville ('dures'). Un coup de pied écrasant bien exécuté peut causer une destruction de membre totale et neutraliser un agresseur. Il suffit d'imaginer un pied écrasé ou un genou luxé.

Les Coups de Pied Ecrasants, bien que surtout dans leur variante latérale, apparaissent dans les katas traditionnels de Karaté, ce qui leur donne leurs Lettres de Noblesse. Ce sont des techniques essentielles que tout Artiste Martial se doit de pratiquer et de maitriser.

Il est aussi clair que l'écrasement est idéal pour le combat très proche (Voir Photos).

Le Coup de Pied Ecrasant dans une application pratique de **Krav Maga**

Description

Les Dessins illustrent l'exécution : vous levez simplement le genou dans une chambrée avant *haute*, et puis vous tendez la jambe directement vers la cible basse dans un mouvement d'écrasement. Ne laissez pas la partie supérieure du corps se relever (comme pour vous tenir droit) : baissez-vous avec l'écrasement pour utiliser tout votre corps dans le vecteur descendant et pour ne pas dissiper inutilement d'énergie. Selon les circonstances, vous pouvez rétracter partiellement la jambe ou vous pouvez laisser votre pied pesant sur la cible.

Le contact se fait avec toute la plante du pied ou alors avec le talon uniquement. Selon la cible visée, vous pouvez aussi tourner le pied vers l'extérieur sans autre différence d'exécution : ce sera nécessaire si vous ciblez l'articulation de la cheville par l'avant comme illustré ici, ou si vous ciblez l'arrière du genou comme dans la photo ci-dessus.

Il existe une variation de ce coup de pied qui donne encore plus de puissance à la technique : juste comme pour le 'Hikite' des coups de poing de Karaté, vous levez le pied d'appui **pendant** que vous écrasez de l'autre pied depuis sa position de chambrée. Le Dessin illustre cette version exécutée sur un coussin-cible.

Sautez pendant l'écrasement

Points clés

- Chambrez le plus *haut* possible pour de la puissance.
- *Garde haute*, car vous êtes proche de l'adversaire.
- Frappez *au travers* de la cible, ne rebondissez pas sur sa surface. Pensez à écraser un insecte...
- *Tassez* votre tronc pendant le coup de pied pour mettre tout votre corps dans le vecteur écrasant.

Cibles

Tout ce que vous pouvez écraser selon votre position relative à celle de votre adversaire : doigts de pied, cuisses, creux du genou, tendon d'Achille, mains, doigts, tête, côtes, aisselle, cheville de tous angles, genou avant et latéral... Toutes ces attaques possibles sont illustrées par des Photos un peu partout dans le Chapitre. Et il y a bien d'autres possibilités.

Applications typiques

Les Photos ci-dessous illustrent une application intéressante du Coup de Pied Ecrasant qui cible la *cuisse avant* adverse : votre haute chambrée est en fait une feinte qui doit faire croire à votre adversaire que vous préparez un Coup de Pied Pénétrant de Face au corps ou à la tête. Mais vous allez en fait *écraser* sa cuisse avant depuis cette haute chambrée. C'est une technique très surprenante et assez douloureuse.

La chambrée haute sert de feinte qui détourne l'attention de la cuisse comme cible originale

LE COUP DE PIED ECRASANT DE FACE AVEC HAUTE CHAMBRÉE

... Les Dessins ci-dessous illustrent l'usage le plus classique de ce coup de pied : la version **Inclinée vers l'Extérieur** et ciblant *le creux arrière du genou*. Vous esquivez, bloquez, étirez et redirigez un Coup de Pied de Face exécuté à fond. Vous vous trouvez alors sur le côté extérieur (hors du champ de vision) de l'adversaire, ou vous êtes même peut être tout à fait dans son dos. Vous agrippez alors ses deux épaules et *écrasez* le creux poplité de son genou. Suivez, par exemple, avec un coup de poing en marteau dans la figure ou sur sa clavicule.

Le Coup de Pied Ecrasant classique appliqué au creux arrière du genou

Entrainement spécifique

Il est **capital** de vous entrainer: pour l'exécution en *puissance*, pour comprendre l'importance de la *chambrée* haute, et pour sentir l'effet à *l'impact* (surprenant si vous n'êtes pas habitué). Les Coups de pied écrasants ne se donnent pas naturellement et il est important de s'entrainer à une exécution en force. Cela ne vient pas tout seul. Pratiquez la version classique et la version 'Inclinée vers l'Extérieur' sur un sac au sol, sur une Médecine Ball, sur un vieux pneu, sur un coussin d'entrainement... Entrainez-vous ! **Les Coups de Pied Bas nécessitent beaucoup de pratique !**

Self défense

La grosse part des applications de la technique va être présenté ici, dans la section Self défense, parce qu'elles sont plutôt '*horribles*' et bien plus adaptées à une situation réelle ou un combat MMA qu'à un environnement didactique ou sportif. Mais le lecteur est tout d'abord invité à lire attentivement les avertissements qui suivent :

<u>Une technique écrasante est une manœuvre extrêmement efficace et très agressive, étant donné que la cible est maintenue en place par le sol. Si vous l'utilisez dans une situation de self défense, il vous faut tenir compte des aspects éthiques et légaux : Est-il justifiable de causer de sérieux dommages corporels à votre agresseur dans la situation spécifique ? En fait, il serait sage de re-phraser comme ceci : Est-ce qu'un juge ou un jury considérerait vos actions nécessaires à votre propre sauvegarde ou à celle d'autrui ; ou pourriez-vous avoir pu fuir les lieux ou pris sans danger des mesures moins brutales ? Tenez compte du fait que donner des coups de pied écrasants à un adversaire déjà au sol va paraitre a tout témoin comme brutal et contraire au sens inné de fair-play des citoyens normaux et normatifs.</u>

...Les Photos suivantes illustrent l'utilisation du *Coup de Pied Ecrasant* contre un adversaire mis à quatre pattes, mais les principes restent identiques s'il est au sol dans n'importe quelle position. Si vous êtes derrière lui ou sur son côté, écrasez son tendon d'Achille. Si vous êtes devant lui, écrasez ses mains ou ses doigts. Vous êtes invités à prendre en compte les ramifications légales et éthiques : n'écrasez son tendon d'Achille que s'il continue à vous attaquer après avoir été jeté au sol, et seulement afin d'assurer qu'il ne puisse vous poursuivre. Ecraser ses doigts peut être justifié par exemple s'il est armé ou s'il s'acharne à vous saisir de sa position au sol pour vous empêcher de fuir.

Ecrasez son tendon d'Achille uniquement si rendu nécessaire par la situation

Ecrasez ses poignets ou ses doigts dans une situation de self défense

Les Photos suivantes illustrent l'utilisation de la technique contre un adversaire que vous venez de projeter au sol et qui se trouve sur son dos devant vous. Il va probablement lever ses jambes entre vous et lui dans un semblant de garde. Dès qu'il le fait, attrapez immédiatement ses chevilles et poussez les avec force sur le côté afin de le faire rouler légèrement latéralement. Dans le même mouvement, écrasez ses côtes ou sa tête.

Ecrasez les côtes d'un adversaire au sol

Si justifié, écrasez la tête d'un adversaire au sol qui est sur son dos ou son côté

LE COUP DE PIED ECRASANT DE FACE AVEC HAUTE CHAMBRÉE

... Si vous avez contrôle suffisant des jambes de l'adversaire au sol et si vous tenez fermement ses deux pieds, vous pouvez donner votre Coup de Pied écrasant tout en allant entre ses jambes ; écrasez ses parties (non-illustré car évident), son corps ou son visage (voir Photos). Il est impératif de vous retirer immédiatement après l'exécution du coup de pied, comme illustré: vous êtes momentanément dans une position dangereuse, spécialement face à un lutteur expérimenté.

Ecrasez le plexus solaire ou les côtes tout en gardant contrôle de ses jambes

Ne restez pas entre ses jambes après le coup de pied écrasant : c'est une attaque dynamique

Les Dessins ci-dessous illustrent un usage classique du Coup de Pied Ecrasant en self défense : un suivi après une projection qui vous permet de garder le contrôle du bras adverse (ce qui est théoriquement applicable à la plupart des projections de *Judo* et de *Jiu-Jitsu*). Dans notre exemple, l'assaillant saisit votre revers. Avant qu'il ne puisse vous frapper, vous attrapez la main de saisie et faites un pas derrière sa jambe avant tout en frappant son biceps de votre avant-bras. Pivotez alors et fauchez sa jambe pour le projeter, tout en gardant le contrôle de son bras d'attaque. Dès qu'il touche le sol, **écrasez son aisselle** tout en *tirant* sur le bras. Vous pourriez alors pivoter, descendre sur un genou et casser son bras sur votre cuisse. Il s'agit évidemment d'une technique *très dangereuse* à pratiquer avec **prudence**.

Ecraser une aisselle 'offerte' est une technique potentiellement handicapante

... Les Photos suivantes illustrent le Coup de pied Ecrasant comme suivi naturel d'un Coup de Genou haut. Le Coup de Genou a pour fonction supplémentaire de servir de **chambrée** haute pour l'écrasement ! D'une position de corps à corps (*Clinch*) où vous tenez la tête adverse a deux mains, vous passez sur le côté en relâchant votre main la plus lointaine. Poussez sa tête vers le bas tout en exécutant votre coup de genou de votre position latérale. *Depuis votre position de genou haute*, vous écrasez violemment son pied. Suivez. Il s'agit d'une combinaison surprenante et très utile en corps à corps : votre adversaire ne s'attend généralement pas au pas latéral avec l'abandonnement simultané de votre saisie.

Esquive, Coup de Genou, Ecrasement

Et les Photos suivantes montrent une intéressante variation un peu exotique du Coup de Pied Ecrasant classique : écraser le creux arrière du genou adverse, *mais d'une position devant lui* (en corps à corps, vous dépassez sa jambe par l'extérieur). Il est recommandé de l'attaquer simultanément du poing au visage.

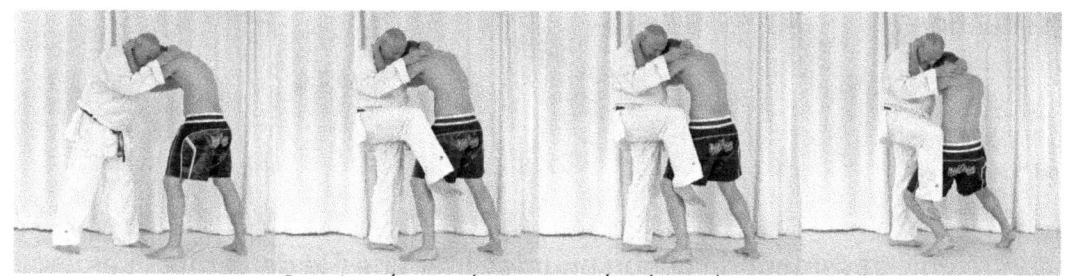

Surprise : écrasez le genou arrière depuis l'avant !

Les Illustrations suivantes montrent une combinaison offensive qui débute par une double saisie des jambes (*Shoot, Tackle*).
Dès que vous soulevez ses jambes en le poussant vers l'arrière pour le projeter au sol, relevez-vous et exécutez un Coup de Pied écrasant **entre ses jambes**. Vous l'avez 'ramolli' assez pour pouvoir placer votre *Clé de Cheville*. Délivrez immédiatement un autre Coup de Pied écrasant sur le **genou** de son autre jambe. Laissez alors votre pied pressant sur son genou pour un meilleur contrôle de la clé et pour aussi infliger encore plus de douleur à l'adversaire.

Projection, Ecrasement des parties, Clé de cheville, Ecrasement du Genou

LE COUP DE PIED ECRASANT DE FACE AVEC HAUTE CHAMBRÉE

...Les Illustrations suivantes montrent l'utilisation du douloureux Coup de Pied **Ecrasant et Raclant** en corps à corps. Le *Raclage* a déjà été mentionné dans le Chapitre sur le Coup de Pied Bas. L'exemple présenté ci-dessous illustre la version complète du *Coup de Pied Raclant*, avec le pied écrasant qui reste sur le pied adverse, en piège, alors que vous poussez l'adversaire pour le faire chuter. Comme illustré, vous exécutez votre coup de pied directement vers la position de départ de l'écrasement raclant. Vous écrasez alors en *grattant profondément* vers le bas le long du tibia.

Coup de Pied Bas, suivi de l'écrasement raclant jusqu'à la cheville

Les Photos suivantes illustrent le contre classique d'une Clé de Bras 'Viens avec'. Vous **écrasez** le creux poplité du genou adverse sans avoir à incliner le pied (à cause de votre position relative à l'agresseur).

Vous pouvez suivre avec un écrasement (*très dangereux*) du tendon d'Achille, si la situation le justifie.

Libération classique d'une clé de bras debout de type 'Viens avec'

Nous avons déjà rencontré un écrasement de genou pour faciliter une Clé de Jambe. Les Dessins suivants décrivent une application similaire : écrasez l'articulation du genou et gardez l'écrasement pour rester en contrôle de l'adversaire. Dans cet exemple, vous esquivez un 'Coup de Pied de Côté' en retirant vos hanches, juste assez pour rester hors de portée. Prenez contrôle de son pied d'attaque avec un blocage en croix de par le haut (Souvenez-vous du *Hiki-Mi* de *Shorinji Kempo* mentionné dans l'Introduction générale). Tordez-lui violemment le pied d'un tour et demi pour le projeter au sol après un salto complet. Gardez le contrôle de son pied d'attaque et **écrasez aussi le genou** de son autre jambe. Gardez le pied en **écrasement** sur le genou, tout en lui tordant le pied en Clé de Cheville extrêmement douloureuse.

Coup de Pied Ecrasant sur le genou ; le pied reste alors en place pour un meilleur contrôle de l'adversaire

... Le lecteur se souvient du Coup de Pied écrasant à l'aisselle après une projection. Les Dessins suivants illustrent l'usage plus classique du Coup de Pied écrasant **aux côtes** comme suivi d'une projection réussie. L'assaillant vous saisit le poignet et vous pivotez alors vers l'extérieur, vous enroulez son poignet pour retourner la saisie, et vous le frappez de la paume au visage. Comme vous contrôlez maintenant son bras d'attaque, vous pouvez le tirer vers l'avant en lui encerclant le cou par derrière pour le placer en position de Clé de Bras. Frappez-le violemment au cou en prenant cette position, pour le ramollir. Dès qu'il commence à résister, vous renversez le mouvement dans la direction opposée et tirez sa tête en arrière par le menton afin de le projeter au-dessus de votre cuisse. Dans une vague ininterrompue, vous lui **écrasez les côtes** alors qu'il tombe au sol.

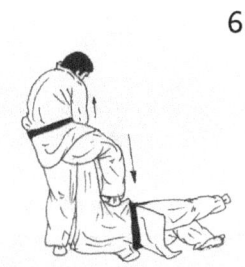

L'écrasement naturel des côtes après une projection

3 4 5 6

Les Figures suivantes montrent l'utilisation du Coup de Pied pour douloureusement divertir l'attention de l'adversaire d'une manœuvre d'évasion qui débute. Dans cet exemple, votre assaillant vous attrape les cheveux par devant. Vous saisissez immédiatement son poignet pour atténuer la douleur et pour le contrôler, tout en exécutant un Coup de Pied **écrasant** sur son pied avant. Vous prenez avantage de l'impact douloureux pour une technique de libération classique : reculez brusquement tout en pivotant, pour placer son bras en position d'arm-lock.

Continuez.

Rien de mieux qu'un écrasement pour amollir l'adversaire avant les techniques suivantes

Les Dessins ci-dessous illustrent un autre usage très naturel de ce coup de pied, comme partie intégrante d'une technique d'étranglement arrière (*Hadaka Jime – Judo*). Vous esquivez et contrôlez par l'extérieur un coup de bâton descendant, et vous saisissez son revers ou son col le plus haut possible avec votre main arrière. Vous passez dans son dos et tirez sur son revers tout en pressant sa nuque avec votre autre avant-bras. Dans cette position d'étranglement classique, il ne vous reste qu'à écraser le creux arrière de son genou.

Le coup de pied écrasant au genou arrière est tout naturel avec une manœuvre d'étranglement arrière

LE COUP DE PIED ECRASANT DE FACE AVEC HAUTE CHAMBRÉE

... Nous avons déjà rencontré le Coup de Pied écrasant comme continuation naturelle d'un Coup de Genou *haut*, coup de genou qui a alors le rôle de *chambrée* haute. Nous allons présenter un autre exemple d'écrasement du creux arrière du genou par l'arrière, mais cette fois *la chambrée sera un coup de genou qui a pour but de casser un bras* (et le pied ne retouche pas le sol). Les Dessins ci-dessous montrent comment évader une attaque de couteau de haut en bas, en esquivant vers l'avant et l'extérieur et en prenant contrôle de son bras qui descend. Restez très près de son dos en prenant contrôle du poignet armé. Essayez alors de lui attraper la **gorge** avec votre autre main, tout en l'attaquant d'un Coup de Genou circulaire puissant dans les **reins**. Gardez le contrôle de sa gorge (ou à défaut, de son menton ou de son épaule). Essayez alors de **casser l'articulation** de son coude (armé) avec un Coup de Genou montant de l'autre jambe ; tordez lui le poignet pour placer *le coude vers le bas et tirez vers le bas pendant l'attaque.* Depuis la position haute du genou, passez directement en **écrasement** violent du creux poplité de son genou.

Coup de genou d'attaque de l'articulation du coude devient un coup de pied écrasant au genou arrière

Pour terminer, les Dessins suivants illustrent une utilisation intéressante du Coup de Pied écrasant : **écrasez** *afin de garder le pied adverse en place jusqu'à ce que vous puissiez venir le chercher* pour l'utiliser dans une autre technique ! L'exemple présenté illustre aussi un Coup de Pied écrasant rapide **de la jambe avant**. Dans notre exemple, l'adversaire vous saisit le poignet de côté. Avant qu'il puisse complémenter son attaque, vous **écrasez** *rapidement* son pied proche de votre pied avant. Penchez-vous immédiatement vers l'avant en tendant votre bras vers le bas et vers l'adversaire pour libérer sa saisie. Suivez sans à-coups avec un Coup de Coude remontant sous son menton. Vous avez gardé votre pied en *écrasement* sur le sien pour qu'il reste en place. Vous pouvez maintenant vous pencher pour attraper sa cheville de votre autre main (passant entre vos jambes). Levez sa cheville en lui repoussant le tronc vers l'arrière. Il tombe sur le sol où vous lui délivrez un autre Coup de Pied écrasant, cette fois aux **parties**.

Coup de pied écrasant rapide du pied avant, pour immobiliser le pied adverse

Addendum

Nous commençons ces quelques additions illustratives avec l'attaque d'un adversaire **par derrière** (dans la situation possible où vos proches ou des victimes sans défense sont menacés). Le Coup de Pied Ecrasant de Face peut alors cibler le **tendon d'Achille** pour neutraliser l'attaquant. C'est une technique *dangereuse*, à potentiel handicapant, qu'il ne faut utiliser que si les circonstances le justifient.

Ecrasez le tendon d'Achille par derrière : Dangereux !

Ensuite, nous présentons une application supplémentaire du Coup de Pied Ecrasant de Face à la cuisse : vous bloquez et faites dévier un Coup de Pied Pénétrant de Face *pour pouvoir écraser le côté sensible de la cuisse* de la jambe qui atterrit.

Ecrasez la cuisse de la jambe adverse qui se pose

En référence à la section traitant des coups de pied écrasants sur un adversaire au sol, nous pouvons ajouter le point suivant : si vous avez encore le contrôle d'un de ses bras, vous devriez alors tirer dessus pendant l'écrasement pour un effet multiplié.

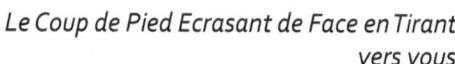

Le Coup de Pied Ecrasant de Face en Tirant vers vous

Et pour terminer, nous présentons une application supplémentaire du Coup de Pied écrasant au creux arrière du genou **exécuté de l'avant**. Cet exemple nous conduit jusqu'au contrôle au sol. Cette technique peut être offensive ou venir après une esquive oblique-avant contre une attaque de poing. Il s'agit du classique étranglement de côté debout, mais vous écrasez *immédiatement* son genou arrière pour l'amener au sol. **Mettez un point à conserver la pression sur la carotide pendant toute l'exécution de la manœuvre.**
Les étranglements sont des techniques très **dangereuses** à n'utiliser que dans des circonstances justifiées et à pratiquer à l'entrainement avec beaucoup de **prudence**.

En position d'étranglement latéral, utilisez le coup de pied écrasant pour l'amener au sol et le contrôler

LE COUP DE PIED ECRASANT DE FACE AVEC HAUTE CHAMBRÉE

5. Le Coup de Pied Bas de Face du Talon avec Pied Incliné

The tilted-heel Low front Kick

Général

Ce Coup de Pied très important est tout simplement la version basse du coup de pied de base du même nom déjà mentionné. C'est, cette fois, un coup de pied **pénétrant**, et pas un coup de pied écrasant, et il doit être exécuté comme tel. Comme c'est une technique pénétrante et dirigée vers le bas, elle a des éléments écrasants dont il faut tenir compte. Mais c'est avant tout un coup de pied *qui requiert un retour à la position de chambrée après l'impact* de quelque centimètres au travers de la cible ; tout comme pour la version normale de base. C'est un coup de pied très typique des styles de l'Asie de l'Est, comme le *Pentchak Silat* Indonésien et certains styles de *Kung Fu* 'souples' (Il est même nomme le Coup de Pied *Hsing-I* par les pratiquants de ce style). Mais on le retrouve aussi dans nombre d'autres styles, et il faut mentionner que c'est un excellent Coup de Pied d'Arrêt universel (Voir Photo).

La cible, généralement le genou de tous les angles, est frappée avec la plante du pied ou (de préférence) avec le talon.

Le Coup de Pied Bas de Face du Talon avec Pied Incliné comme coup d'arrêt | *Le Coup de Pied Bas de Face du Talon avec Pied Incliné au genou frontal* | *Le Coup de Pied Bas de Face du Talon avec Pied Incliné au creux arrière du genou* | *Le Coup de Pied Bas de Face du Talon avec Pied Incliné au genou latéral*

Description

Le Dessin décrit l'exécution orthodoxe du Coup de Pied : chambrez juste comme pour un Coup de Pied Pénétrant de Face classique et puis tendez la jambe *directement* vers la cible

tout en inclinant le pied en diagonale vers l'extérieur. Connectez avec le talon ou la plante du pied et *poussez vos hanches vers l'avant* 'dans' le coup de pied, comme pour toute technique **pénétrante**. Si les circonstances l'exigent, vous pouvez vous pencher légèrement vers l'arrière pendant cette poussée des hanches. Apres impact, **retirez votre jambe vers l'arrière avec force.**

Points clé

- Gardez votre *garde haute*.
- Ce n'est pas un écrasement : *Retirez* votre jambe vers l'arrière après un impact de quelques centimètres '*dans*' la cible.
- Utilisez les *hanches* pour la poussée avant.

Cibles

Le genou, de tous les côtés. Et aussi la cuisse avant et le haut du tibia.

Applications typiques

Les Illustrations montrent une application typique de ce Coup de Pied : l'attaque d'une jambe *en train d'atterrir* après un coup de pied. Dans notre exemple, vous bloquez et déviez un Coup de Pied Latéral Sautillé adverse, et vous le forcez à atterrir vers l'avant et en déséquilibre. Vous gardez contrôle de sa main avant, tout en exécutant, de votre jambe arrière, le *Coup de Pied de Face du Talon avec Pied Incliné* sur son genou latéral. Vous pourriez alors suivre avec une de mes combinaisons favorites : utilisez le même pied d'attaque, sans qu'il retouche le sol, pour lui délivrer un Fouetté (*Roundhouse*) à la figure alors qu'il se penche et tourne à cause de son genou blessé.

Essayez de toujours recevoir d'un coup de pied bas une jambe d'attaque qui atterrit.

Evidemment, comme variante de l'exemple précédent, vous pouvez aussi attaquer la jambe qui atterrit de votre pied **avant**, et ensuite suivre avec le Fouetté haut de votre jambe *arrière* (Illustré par les Photos).

Le Coup de Pied Bas de Face du Talon avec Pied Incliné, attaquant une jambe qui atterrit, mais exécuté de votre **jambe avant**

... Les Dessins suivants montrent encore la version de la technique exécutée de la jambe avant, mais dans son application préférée de Coup d'Arrêt. L'exécution classique de cette application se fait dans la 'position du chat' commune à tous les arts Martiaux traditionnels du Japon, de Chine, d'Okinawa ou d'Indonésie. Dans cette position, appelée *Neko Ashi Dachi* en Japonais, la jambe avant est libre du poids du corps et donc prête à partir ; bien qu'il soit conseillé de le cacher le mieux possible. Dès que votre adversaire fait montre de signes avant-coureurs d'une attaque, vous levez le genou avant. Vous pouvez simultanément lever vos mains vers ses yeux pour le distraire. Attaquez son genou avant dès qu'il commence à bouger.

Coup de pied d'arrêt de la jambe avant depuis la position 'du Chat'

Les Dessins suivants illustrent le ciblage classique *du creux poplité de l'arrière du genou*, point très sensible. Le Coup de Pied vient à la fin d'un exemple qui commence avec une esquive arrière (qui inclut un mouvement de retrait de la jambe avant). En fait, vous esquivez juste assez pour éviter le contact d'un Coup de Pied Arrière Retourné au corps (*Spin-back Back Kick*). Vous retirez les hanches et la jambe avant, mais vous gardez votre tronc le plus avant possible pour mieux bloquer et contrôler la jambe d'attaque et aussi pour pouvoir contrattaquer plus rapidement. Votre jambe, qui est en l'air, peut fouetter sa jambe qui atterrit ; et vous pouvez alors la poser loin à l'avant, sur son côté extérieur ; soyez prêt à bloquer un éventuel Coup de Poing Fouetté (*Uraken Uchi*) qui pourrait suivre naturellement son coup de pied. Vous êtes maintenant dans son dos et pouvez prendre contrôle de son bras et de son épaule tout en frappant le creux de son genou avec un puissant Coup de Pied de Face du Talon avec Pied Incliné. Suivez d'autres techniques si nécessaire.

A utiliser a toute occasion possible : le Coup de Pied de Face du Talon avec pied Incliné dans le creux arrière du genou adverse

Les dernières Figures illustrent une application spéciale du Coup de Pied, intéressante mais probablement trop sophistiquée pour un usage banal. Vous bloquez un Coup de Pied de Face adverse avec un Blocage de Genou balayant vers l'extérieur. De cette position haute de genou, vous attaquez directement le genou de sa jambe d'appui avec un *Coup de Pied de Face du Talon avec Pied Incliné*. Vous pouvez suivre avec un Coup du sabre intérieur de la main (*Haito Uchi*) à la tête alors qu'il trébuche. C'est aussi une technique valable pour un Artiste expérimenté dans certaines situations.

Special but surprising: the chamber of the kick is a knee block

Entrainement spécifique

C'est un Coup de Pied qui requiert de l'entrainement afin de bien le différencier du coup de pied *écrasant*. Pratiquez-le sur un vieux pneu ou sur un sac de frappe sur le sol, et concentrez-vous sur **le retrait de la jambe** de frappe après impact.

Self défense

Les Photos qui suivent illustrent une combinaison redoutable qui peut être utilisée après un classique *'Low Kick'* bien réussi (*Fouetté Bas à jambe tendue*).
Dans notre exemple, vous esquivez, bloquez et déviez un coup de pied adverse afin de vous retrouver sur son côté extérieur. Vous pouvez alors exécuter un douloureux *'Low Kick'* à la cuisse de sa jambe qui atterrit. Vous saisissez alors ses deux épaules et exécutez un *Coup de Pied de Face du Talon avec Pied Incliné* à son genou arrière, **avec toute la force de vos hanches.** Pendant que vous retirez votre jambe en arrière pour après reposer le pied au sol, vous lui attrapez la tête par le menton et/ou par les cheveux. Pivotez alors en tirant sa tête vers l'arrière et vers le bas, pour l'intercepter avec un puissant coup de genou vers le haut. Soyez **prudents** avec cette combinaison technique **dangereuse** !

Dans cette combinaison dure, le coup de pied est utilisé pour mettre l'adversaire en déséquilibre arrière

LE COUP DE PIED BAS DE FACE DU TALON AVEC PIED INCLINÉ

...Les Dessins suivants illustrent une combinaison de Karaté *Wado-ryu* qui m'est devenue naturelle après de longues sessions d'entrainement, il y a bien longtemps. Le style *Wado Ryu* est encore très proche de ses racines de *Jiu-jitsu* et est basé fortement sur les techniques d'esquive et de mouvements du corps (*Tai Sabaki*). Dans notre exemple, vous provoquez un contre du poing arrière de votre adversaire en feintant un mouvement du tronc vers l'avant et vers votre côté intérieur. Alors que votre adversaire dirige son coup de poing d'arrêt vers la direction que vous lui avez indiquée, vous changez de trajectoire et esquivez en cercle vers votre côté extérieur, tout en frappant de votre poing avant (*Nagashi Tsuki* typique du style *Wado-ryu*). Saisissez alors son bras tendu tout en frappant de votre pied avant son genou avant, depuis votre position latérale. Il existe une version classique Chinoise de cette technique qui est illustrée par les photos qui suivent.

4 Le Coup de Pied de Face du Talon avec Pied Incliné au genou latéral adverse dans un exercice d'esquive typique de Wado-ryu

Esquivez le Coup de Poing croisé tout en frappant le côté intérieur du genou adverse

Et les Photos finales montrent une combinaison inspirée du *Kung Fu Wing Chung* : bloquer trois coups de poing, saisir le bras d'attaque et punir d'un coup de pied le côté du genou avant adverse.

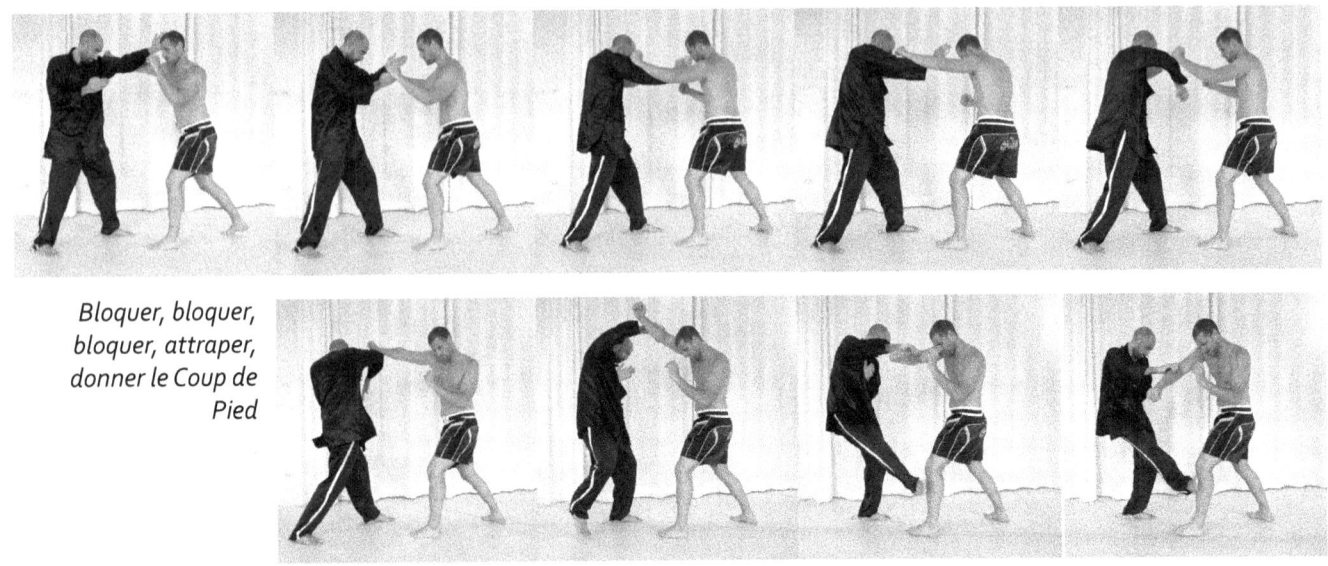

Bloquer, bloquer, bloquer, attraper, donner le Coup de Pied

COUPS DE PIED BAS

6. Le Coup de Pied Fouetté Bas

The Low Roundhouse Kick, *Gedan Mawashi Geri (Karatedo), Te Ka/Te Tad Lang (Muay Thai)*

Général

Voici, une fois encore, un coup de pied simple mais versatile : c'est en fait un Coup de Pied Circulaire Fouetté de base, mais exécuté sous la ceinture. Le lecteur est invité à consulter nos ouvrages précédents pour plus d'informations sur le *Coup de pied Circulaire Fouetté*. Il faut bien noter que ce Coup de Pied est différent du '*Low Kick*' (Coup de Pied Circulaire Bas *à jambe tendue*) présenté dans le Chapitre suivant (Ch. 7). En raison de la faible hauteur de la cible, le Coup de Pied est plus la version normale ou même plutôt la version **'petite'** du Fouetté Circulaire que la version pleine du *Grand* Fouetté Circulaire (Voir la théorie dans '*Le Grand Livre des Coups de Pied*'). L'ampleur de la chambrée est évidemment à votre guise, mais ce Coup de Pied nécessite au moins un peu de chambrée car c'est un coup de pied fouetté qui nécessite aussi un **retour rapide et sec**. C'est une technique très rapide qui peut être aussi délivrée de la jambe avant ; c'est donc un excellent outil d'harassement ou de début de combinaison offensive. Les Photos ci-jointes illustrent une version classique de la jambe avant, avec pas croisé, et qui cible le côté intérieur du genou avant adverse.

Coup de pied d'usure ou destiné à lui 'ouvrir' les jambes

Un Coup de Pied versatile et omniprésent

Description

Les Figures illustrent l'exécution classique et le contact avec la balle du pied (plante du pied sous les orteils relevés). Vous chambrez le genou à peu près à 45 degrés, mais pas plus haut que la hauteur de la cible. L'exécution classique n'est ni une chambrée pleine (*Grand Fouetté*), ni une chambrée de face (*Petit Fouetté*). Exécutez un coup de pied **fouetté** brusque avec retour rapide, comme un fouet. Le contact se fait avec la balle du pied (illustré) ou avec la partie supérieure du pied. Evidemment, toutes les variations sont possibles : chambrée pleine ou de face, hauteur relative du genou, mesure de la pliure de la jambe...

Le Coup de pied Circulaire Fouetté Bas

Points clé

- C'est un coup de pied rapide : éviter de *télégraphier* l'attaque ; le corps supérieur doit rester aussi immobile que possible.
- Conserver une *garde haute*.
- *Ramener* la jambe vite et fort, après avoir pénétré **dans** la cible.

Cibles

Les testicules, tous les côtés de la cuisse (voir Photos), le genou, le tibia et le mollet. Aussi les chevilles, comme illustré. Evidemment, tout va si l'adversaire est à genoux ou au sol.

Coup de Pied Fouetté Bas avec les orteils sur le côté intérieur de la cuisse adverse

Coup de Pied Fouetté Bas à la cheville extérieure adverse

Coup de Pied Fouetté Bas à la cheville intérieure adverse

Applications typiques

Les Illustrations montrent une version très simple mais efficace, appliquée à une situation de self défense. Comme la cible sera les testicules, il n'y a pas besoin de chambrée : le pied avant monte tout simplement et se dirige *directement* vers sa cible. La distance jusqu'à l'assaillant sera couverte par un sautillement, *mais après que le pied avant ait déjà commencé son mouvement*, comme pour le 'Coup de Pied Circulaire Fouetté Sautillé' de la jambe avant de base. Vous pouvez alors suivre avec un second Coup de Pied Fouetté Bas ou un '*Low Kick*', de l'autre jambe.

Levez le pied directement vers le bas-ventre adverse tout en sautant vers l'avant

Les Dessins suivants, *en haut de la page suivante*, illustrent le ciblage déjà mentionné de la cheville, et ce, de la jambe avant et aussi de la jambe arrière, mais toujours après une feinte haute. Ce n'est pas un balayage mais un **coup de pied** qui fait mal mais qui a aussi l'effet supplémentaire de mettre l'adversaire en déséquilibre. Vous frappez avec la balle du pied ou avec le tibia inferieur. Evidemment, il vous faudra toujours enchaîner. Ce Coup de Pied, frappant avec le tibia le côté ou l'arrière de la cheville, est nommée '**Nias**' par les pratiquants Sud-Américains du '*Shoot*'.

*Coup de Pied Fouetté Bas de la jambe arrière et ciblant l'**extérieur** de la cheville adverse*

*Coup de Pied Fouetté Bas de la jambe avant et ciblant l'**intérieur** de la cheville adverse*

Nous avons déjà rencontre ce Coup de Pied visant la cuisse intérieure et connectant avec la 'balle' du pied. Les Dessins ici-bas illustrent l'utilisation de la version *rapide* **de la jambe avant** dans une combinaison très efficace du type *haut/bas/haut/bas*. Apres un 'Jab' du poing avant, exécutez votre Coup de Pied Fouetté Bas de la jambe avant. Levez simplement le pied dans le mouvement de façon souple, rapide et non-crispée. Délivrez un Coup de Poing croisé (*Cross*) du poing arrière, pendant que votre pied atterrit. Le mouvement des hanches vous aide en fait à 'tirer' un *Low Kick* (Coup de Pied Circulaire Bas à jambe tendue) vers l'extérieur de la même cuisse adverse. Une variation sans le Coup de Poing Croisé est illustrée par la série de Photos qui suit : Coup de Poing **Haut**, Coup **Bas** des orteils vers l'intérieur, Coup **Bas** des orteils vers l'extérieur.

Le Coup de Pied Circulaire Fouetté Bas de la jambe avant est un suivi naturel du Coup de Poing direct haut de la main avant (Jab)

Haut/Bas intérieur/Bas extérieur

Comme déjà mentionné, ce Coup de Pied est rapide et un excellent début de combinaison *offensive*. Les Photos, *présentées en haut de la page suivante*, illustrent une combinaison classique qui commence avec la version *sautillante rapide* du coup de pied pour couvrir la distance qui vous sépare de l'adversaire (La version rapide sautillante de la jambe avant est très clairement illustrée par les dessins de la page précédente). L'exemple commence en gardes opposées ; vous chambrez la jambe avant tout en poussant de l'autre pied en un sautillement vers l'adversaire. Vous frappez la cuisse extérieure alors que votre tronc penche légèrement vers l'arrière. Alors que l'attention de votre adversaire est concentrée vers le bas, vous attaquez son visage pendant votre atterrissage avec une combinaison de poings 1-2 classique (*Jab/ Cross*). Et vous suivez avec un puissant *Coup de Pied Circulaire Fouetté* de la jambe arrière 'à travers' de la tête. La logique derrière cette combinaison est celle d'un *Coup de Pied de Feinte* du type '**Tape**' dont le but est d'attirer l'attention vers le bas alors que vous suivez en haut.

LE COUP DE PIED FOUETTÉ BAS

*Coup de pied Fouetté **Bas** comme diversion rapide et basse, avant la combinaison classique **haute** : poing/ poing/ Coup de Pied Fouetté*

Entrainement spécifique

Ce Coup de pied nécessite l'entrainement à la **vitesse**, pas à la puissance. Exercez les deux versions (jambe avant et jambe arrière) sur le sac de frappe.

Self défense

Les Photos qui suivent illustrent l'utilisation du Coup de Pied contre un adversaire au sol. Dans l'exécution idéale, vous devriez lui attraper la main comme effet de diversion et afin de l'empêcher de pouvoir bloquer. Vous pouvez relâcher la main pendant l'exécution du coup de pied propre. N'oubliez pas de ramener la jambe vers sa chambrée originelle, vite et fort.

Donnez le Coup de pied à un adversaire au sol ou en train de se relever, si c'est justifié

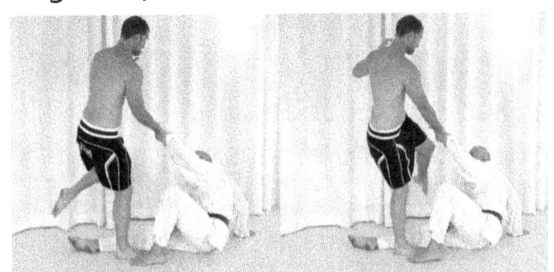

Essayez de lui saisir la main pendant exécution

Même technique, mais de l'autre jambe

...L'auteur a déjà souligné l'importance du retrait fouetté de la jambe pour ce Coup de Pied spécifique. Mais toutes les règles ont des exceptions. Les Dessins illustrent une variation spéciale et intéressante de la technique : le but du coup de pied est cette fois **d'attraper et de soulever la jambe adverse**. Vous attaquez le genou intérieur adverse avec le Fouetté Bas de la jambe avant ; *mais cette fois, vous ne ramenez pas la jambe*. Pendant le Coup de Pied '*au travers*' de la cible, vous '**crochetez**' plutôt derrière son genou avec la cheville et vous soulevez. Vous attrapez alors sa jambe soulevée de votre main arrière, tout en le gardant à distance et sous contrôle avec votre main avant. Reposez votre pied d'attaque et vous êtes maintenant en mesure de le pousser au sol ou de lui délivrer un coup de pied dans sa jambe d'appui. C'est un excellent exercice pour perfectionner le '*feeling*' de l'art du Coup de Pied, et il devrait être pratiqué régulièrement par les artistes expérimentés en tant que tel.

Le Coup de Pied Fouetté Bas comme technique d'ouverture pour pouvoir lui attraper et soulever une jambe

Un des usages spécifiques de ce coup de pied en self défense est décrit par les Photos qui suivent. Utilisez ce Coup de Pied pour 'ouvrir' les jambes de l'attaquant afin de préparer ses parties pour un coup de pied qui va suivre. Dans notre exemple, vous attaquez d'un coup de pied Fouetté Bas de la jambe arrière qui cible la cuisse intérieure adverse. Ramenez la jambe vers sa position de chambrée, et, sans reposer le pied au sol, depuis cette position de chambrée, délivrez un rapide Coup de Pied montant aux testicules. S'il vous est difficile d'effectuer ce Coup de pied **Double**, vous pouvez aussi baisser le pied d'attaque et le laisser '*rebondir*' sur le sol pour le second coup de pied. Il s'agit ici de se concentrer sur la vitesse.

Un petit Coup de pied Double, rapide et dévastateur

Nous avons précédemment mentionné l'aspect '**harcelant**' du Coup de Pied et nous avons montré son usage sur la cuisse intérieure afin d'ouvrir les jambes adverses. L'attaque de la cuisse interne avant adverse est très 'dérangeante', et c'est donc une technique de choix pour couvrir la distance au début d'une combinaison offensive. Les Photos ci-bas illustrent son utilisation pour un tacle des deux jambes, de style MMA.

Un Coup de Pied Fouetté Bas rapide au genou intérieur va secouer votre adversaire et permettre aisément la suite de votre attaque

...Si **Un** Coup de Pied Fouetté à l'intérieur du genou marche bien, **deux** devraient marcher encore mieux ! Les Photos suivantes montrent comment *deux Coups de Pied Fouettés* aux genoux intérieurs adverses peuvent préparer un coup de genou.

Frappez un genou intérieur, puis l'autre ; saisissez le cou de votre adversaire vacillant pour un coup de genou

Et les Photos suivantes illustrent une importante application du Fouetté Bas au genou intérieur adverse : vous vous engagez **à fond** pour une attaque puissante et vous exécutez votre Coup de Pied *au travers* du genou adverse. Il ne s'agit pas cette fois d'un coup de pied de harcèlement ou de provocation ; il s'agit d'une attaque a potentiel handicapant. Votre élan vous mène alors naturellement dans un pivot retournant, et vous pouvez conclure avec un *Coup de Pied Arrière Court* de base. Cette version n'est pas un '*Low Kick*' (il y a fouet!), mais c'est de cette façon que le coup de pied serait exécuté en *Muay Thai* : **passer au travers !**

Délivrez votre coup de pied au travers du genou et laissez votre élan vous mener en pivot arrière

Les Illustrations qui viennent *en haut de la page suivante*, montrent l'utilisation du Coup de Pied dans une situation où vous avez attrapé la jambe d'attaque d'un assaillant et où vous le tenez sur une jambe. Dans notre exemple, vous bloquez son Coup de Pied Circulaire Fouetté et vous encerclez sa jambe pour bien la tenir par-dessous. Simultanément, vous le frappez du poing à la figure. Vous pouvez alors frapper la cuisse intérieure de la jambe captive avec un Crochet du Poing pour infliger une douleur paralysante. Utilisez alors votre jambe avant (le côté qui effectue la saisie) pour un Coup de Pied Fouetté 'dur' à son genou d'appui. Vous pouvez alors le jeter au sol quand vous le voudrez, soit en balayant sa jambe d'appui tout en soulevant son autre jambe, soit avec la technique de projection illustrée, **très dangereuse** pour son articulation (*Genou sur l'épaule : à pratiquer avec **prudence**!*) ➤

Un fantastique Coup de pied pour lui harceler le genou d'appui, après lui avoir saisi une jambe

Les Dessins suivants vont servir, pour conclure, à illustrer un commentaire important à propos de self défense. Votre assaillant se retrouve au sol après un coup de poing, un coup de pied ou une projection. Comme il se relève, vous voyez sa main se diriger vers sa poche ou sa ceinture, probablement à la recherche d'une arme : couteau, bâton, arme à feu, spray au poivre ou 'taser'. N'hésitez pas! Jamais!

Dans ce cas, exécutez un *Coup de Pied Fouetté*, le plus puissant possible, dans ses carotides (le côté de son cou), du pied avant ou arrière selon ce qui vous est le plus naturel. Ne prenez pas de risques et suivez en lui *écrasant les doigts* par exemple pour le rendre incapable d'utiliser une arme efficacement dans un futur proche.

Au cas où vous le suspectez d'être armé, n'hésitez pas frapper un assaillant déjà au sol

Photos Illustratives

*Le **Grand** Coup de Pied Circulaire Fouetté de base*

*Le **Petit** Coup de Pied Circulaire Fouetté de base*

Le Coup de Pied Fouetté Sautillant de la jambe avant, de base

LE COUP DE PIED FOUETTÉ BAS

Addendum

Comme **Coup d'Arrêt**, le Coup de Pied Fouetté Bas est surtout utilisé comme un coup de pied de **timing** aux testicules, délivré au bon moment. Dans l'exemple suivant qui est extrait de notre livre sur les Coups de Pied d'Arrêt *(Stop Kicks)*, vous 'attrapez' votre adversaire au milieu de son sautillement pour une attaque de la jambe avant. Simple et horriblement efficace. Suivez avec un '*Low Kick*' au travers de son genou ou de sa cuisse.

Coup de Pied Fouetté d'Arrêt par timing

Dans notre ouvrage sur les **Coups de Pied Fantômes** (*Stealth Kicks*), nous soulignons l'importance des coups de pied bas en tant qu'attaques qu'il est difficile de discerner à temps. Mais l'application extraite que nous allons présenter pour le Fouetté Bas sera différente : il s'agit du **Coup de Pied de Tape**, déjà mentionné, à but de diversion. Vous utilisez un rapide Coup de pied Fouetté de la jambe avant pour frapper sous le genou de la jambe avant adverse. Cette *distraction* va vous permettre de l'atteindre avec un Coup de Poing en Revers fouetté (*Backfist, Uraken*). Suivez, par exemple avec un puissant Coup de Pied en Croissant de la jambe arrière qui frappe *au travers* de la cible.

Un Coup de Pied Fouetté Bas de Tape va ouvrir l'adversaire à des attaques hautes

Nous concluons avec un rappel, probablement superflu, de l'importance de l'attaque des **testicules** adverses dans des situations réelles de protection de soi. En self défense, attaquez du pied les parties de l'assaillant dès que possible. Ce sera parfois un Coup de Pied de Face, ce sera parfois un Coup de Pied Circulaire Fouetté, ce sera parfois une autre sorte de coup de pied. Dans notre exemple, vous esquivez par-dessous (*ducking*) une attaque de bâton et, **immédiatement**, vous frappez aux testicules avec un rapide **Coup de Pied Fouetté**. Gardez le contrôle de son bras d'attaque qui vous est passé par-dessus, et suivez avec un Coup de Poing puissant venant des hanches *tout en tirant sur son bras*.

Esquivez et, tout d'abord, attaquez les testicules

7. Le 'Low Kick'

The Low Straight-leg Roundhouse Kick (Le Coup de Pied Bas Circulaire a Jambe Tendue), Low kick (Nom commun), Martelo Baixo (Capoeira), Te Tut (Muay Thai)

Général

Voici, sans aucun doute, le Coup de Pied Bas par excellence ; et c'est bien ainsi qu'il était d'usage de s'y référer au début de la mode du *Full Contact* des années Soixante-dix : le '**Low Kick**' (= Le Coup de pied Bas). Cette technique est monnaie très courante dans les sports de combat de plein contact, en raison de son efficacité et des nombreuses opportunités possibles pour son utilisation. Ce coup de pied est typique des Arts Martiaux les plus 'durs', comme le Karaté *Kyokushinkaï* et la boxe Thaïlandaise *Muay Thai* ; et il est employé fréquemment dans les matchs de MMA et de *Kickboxing*. C'est en fait un coup de pied de base, déjà décrit en détail dans notre livre précédent (*Essential Kicks*), mais un ouvrage traitant des Coups de Pied Bas serait certainement incomplet sans lui. Nous allons donc le décrire ici une fois de plus. Le lecteur est cependant convié à consulter '*Le Grand livre des Coups de Pied*' pour un peu plus de théorie, de contexte et pour des exemples d'applications supplémentaires.

Un des meilleurs coups de pied pour la self défense

Quelques exemples de « Low Kicks » en application

Description

Les Dessins *en haut de la page suivante* décrivent l'exécution du Coup de Pied : le pivot commence avec les épaules et les hanches, et c'est seulement après que vous lancez la jambe presque tendue directement dans la cible. Dans la version *Muay Thai* de la technique, vous poursuivez l'élan du pivot et vous frappez **au travers** de la cible avec une puissance telle que, si vous ratez votre cible, vous vous retrouveriez en train de faire un cercle complet (voir Photos plus loin dans le texte). Dans une version mieux contrôlée de la technique, vous commencez à inverser le pivot des épaules et des hanches une fois la jambe lancée.

…Il s'agit généralement d'un coup de pied de la jambe arrière, mais quand exécuté sous la ceinture, même la version jambe-avant est assez puissante pour causer de sérieux dommages. Le contact se fait avec le haut du pied, la cheville antérieure ou, de préférence, avec le tibia. C'est un Coup de Pied très important et qu'il faut pratiquer dans toutes les variations possibles de déplacements (dont certains seront présentés ici). Il faut aussi noter que le *Low Kick* peut être délivré tout en penchant le tronc vers l'arrière, ce qui est parfois justifié par des raisons de sécurité.

Ce sont les hanches qui 'tirent' le coup de pied

Le désavantage de la version ultra-puissante : si vous manquez votre frappe au travers de la cible, votre élan peut vous amener fort loin

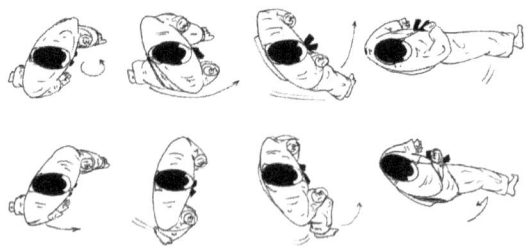

Vue d'oiseau comparative des coups de pied bas circulaires : Low Kick et Fouetté classique

Points clé

- La puissance du coup de pied vient des *hanches* : la jambe n'en est qu'une extension. Concentrez-vous à frapper avec tout le corps.
- La *garde* reste haute.
- Frappez toujours *au travers* de la cible, d'au moins quelques centimètres.

Cibles

Dans le contexte de cet ouvrage concernant les Coups de Pied Bas : hanche, cuisse, genou, tibia, mollet et cheville. Mais dans un contexte plus général, ce Coup de Pied peut cibler avec grand succès : les côtes, les reins, le haut du dos, la nuque et la tête.

La cible habituelle et la plus naturelle est la cuisse extérieure (le genou extérieur en self défense), et de nombreux exemples suivent. L'avant de la cuisse est aussi une cible de choix, mais qui requiert du travail de déplacement pour devenir possible (Voir Photos).

Coup du Poing en passant vers l'extérieur afin de pouvoir frapper de 'Low Kick' la cuisse antérieure adverse

... Un autre exemple de combinaison très naturelle conduisant à une position de départ de *Low Kick* vers la cuisse avant adverse, est présenté dans les Photos suivantes. Commencez avec une première combinaison classique de Low Kick/Coup du poing arrière (*Cross/Gyacku Tsuki*). Posez

votre pied d'attaque *à l'extérieur* et frappez du poing avant (droit ou crochet) tout en pivotant hors de la ligne droite centrale ; c'est une technique de poing typique du Karaté *Wado-ryu* appelée **Nagashi Tsuki**. Vous devriez vous retrouver alors dans la position perpendiculaire parfaite pour un *Low Kick* sur l'avant de sa cuisse.

Cette combinaison va vous placer dans une position parfaite pour attaquer l'avant de la cuisse de l'adversaire

Applications typiques

Les Dessins illustrent une version *de la jambe avant* après un pas avant croisé, et qui cible la cuisse intérieure adverse. Dans cet exemple, vous ouvrez avec un coup du poing avant (*Jab*)

simultané avec un pas croisé avant (ou même un sautillement). Le but du *Jab* est de limiter son champ de vision. Pressez votre avantage avec d'autres techniques. Simple et efficace !

Coup de poing haut pendant le pas, afin de conserver son attention vers le haut

Comme déjà mentionné, ce coup de pied doit être pratiqué dans toutes les formes de déplacements possibles. Les Photos qui suivent illustrent une variation très importante du pas croisé juste décrit au paragraphe précédent : le Low Kick Volant Bas, un coup de pied sauté, mais au ras du sol ! Vous faites un grand pas du pied avant et vous donnez le coup de pied de la jambe arrière, mais les jambes se croisent en l'air ! C'est sans aucun doute un coup de pied sauté, car le pied arrière décolle avant que le pied avant n'atterrisse en position de son bond en avant. L'auteur recommande vivement la pratique intensive de cette version: essayez à chaque fois d'augmenter la distance couverte. Même si vous n'avez pas l'intention d'user de cette technique, sa pratique sera bénéfique à votre habileté de positionnement et à votre compétence générale de l'Art du Coup de Pied.

Le Low Kick 'Volant'

LE 'LOW KICK'

... Les Figures suivantes présentent une ouverture de combinaison classique, très simple et très efficace, basée sur le principe de l'*Attaque Progressive Indirecte* (**PIA**) très prisée des pratiquants du *Jeet Kune Do*. Vous ouvrez avec un coup exagéré du poing avant vers les **testicules** de l'adversaire, mais la trajectoire du poing change dès qu'il réagit à la menace : le poing vire sans à-coups pour continuer vers ses **yeux** ! Ce mouvement convoluté du poing s'avère en fait alors comme une diversion qui permet votre *Low Kick* de la jambe arrière à la cuisse externe adverse. Pressez votre avantage.

Simple et efficace : une combinaison basée sur le principe PIA

Et les Dessins suivants illustrent le *Low Kick* exécuté d'une position **oblique** qui permet le ciblage de la hanche, ou une fois encore de la cuisse avant. C'est une technique très efficace et qui, de plus, se prête très naturellement à un suivi puissant de Crochet du Poing. Votre adversaire prend l'initiative avec un Coup du poing arrière (*Cross*) vers votre visage, mais vous l'esquivez en vous glissant vers l'avant et l'extérieur de son bras que vous bloquez/contrôlez. Délivrez le *Low Kick* à l'articulation de sa hanche (**bas**). Reposez le pied vers l'arrière pour pouvoir prendre l'élan nécessaire à un Crochet du Poing à la figure de puissance maximale, donne avec tout le corps (**haut**).

Attaquez l'avant de l'adversaire en évadant vers la position adéquate

Les Dessins *en haut de la page suivante* illustrent une autre variation **oblique**, mais cette fois *à l'arrière de la jambe* et *depuis l'extérieur*. Cette version est présentée ici pour prouver l'importance du *Low Kick* dans presque toutes les situations possibles et de tous les angles possibles. Votre adversaire lève son bras et télégraphie son intention de vous frapper d'un Coup de Poing à ample trajectoire. Vous bondissez de l'avant et glissez la main avant pour lui saisir la nuque, tout en protégeant votre tête avec votre épaule. Le large Coup de Poing adverse devrait passer au-dessus de votre tête bien rentrée qui esquive vers le bas. Tirez lui la tête vers le bas pour y rencontrer votre *uppercut*, et faites un pas diagonal vers l'avant en continuant de lui la tirer. Continuez à pivoter en le repoussant vers le bas. De cette position perpendiculaire et *hors de son champ de vision*, vous attaquez sa cuisse (ou son genou) **arrière** avec votre *Low Kick*.

Positionnez-vous pour le Low Kick à l'arrière de ses jambes

Et les Dessins suivants vont présenter l'utilisation classique du *Low Kick* contre la jambe adverse **en train d'atterrir**. Nous présentons aussi un suivi possible très important et qui est basé sur la préservation de l'état de déséquilibre adverse dès le contact du Coup de Pied. Le Low Kick est une technique très puissante, mais elle se doit quand même souvent d'être suivie jusqu'à victoire claire. Dans notre exemple, vous esquivez (*vers l'extérieur*), bloquez et redirigez un *Coup de Pied Pénétrant de Face* du pied arrière de l'adversaire. Quand il atterrit, vous délivrez un puissant *Low Kick* à sa cuisse arrière, tout en lui saisissant l'épaule. Posez votre pied d'attaque et pivotez d'un demi-cercle sur son axe ; **tirez et secouez-le violemment pour le garder en déséquilibre**. Exécutez alors un *Coup de Pied Circulaire Fouetté* classique de l'autre jambe vers sa tête qui devrait justement 'venir' vers lui de par votre tirade. Si vous êtes assez souple, votre dernier coup de pied pourrait plutôt être une espèce de '*Low Kick Haut*' de style *Muay Thai*, un **Coup de pied Haut Circulaire a Jambe Tendue** au travers de sa tête...

Après un Low Kick réussi, empoignez votre adversaire et tirez-le en déséquilibre pour de nouveaux coups de pied

Entrainement spécifique

Le **Low kick** devrait être pratiqué tout le temps et de toutes les façons possibles : le sac suspendu, le sac debout, le pneu, le partenaire protégé, etc... Ce Coup de Pied doit être pratiqué pour améliorer *vitesse et puissance*.

Pendant l'entrainement, souvenez-vous toujours de frapper *au travers* de la cible. Il ne faut surtout pas 'claquer' la cible (comme une gifle) et il faut s'abstenir de ralentir l'élan à l'approche de la cible.

La *puissance* est un élément important de la réussite de ce Coup de Pied et un entrainement général de force et de puissance est important pour progresser. L'entrainement *Plyo-Flex* est chaudement recommandé pour le développement de la force explosive de l'Artiste Martial.

Self défense

Le *Low Kick*, bien exécuté, est évidemment un coup de pied fantastique pour la défense de soi. C'est une technique spécialement dévastatrice contre un adversaire non-entrainé et qui n'a pas l'habitude de recevoir des coups puissants dans les membres inférieurs.
Les Dessins qui suivent illustrent l'utilisation de la technique contre le *Low Kick* lui-même. Votre assaillant tente d'attaquer votre jambe avant, mais vous la retirez juste assez pour esquiver, tout en gardant le poids du corps sur la jambe arrière. Laissez votre jambe avant rebondir sur le sol et lancez votre propre Low Kick vers la cuisse *extérieure* de sa jambe **qui atterrit**. Saisissez aussi son épaule ou le haut de son bras. Tirez le vers l'avant, alors que votre pied atterrit *derrière lui*, et employez votre autre jambe **pour un autre Low Kick**, cette fois sur le mollet de son autre jambe. Ce mouvement devrait avoir l'effet secondaire de lui balayer le pied et de le projeter au sol (Souvenez-vous bien : il s'agit d'un **coup de pied avant tout**, et pas d'un balayage !). Vous pouvez venir à la rencontre de sa tête qui descend avec un *Coup de Pied Crocheté* de base (illustré) ou avec un *Coup de Pied en Croissant vers l'Extérieur*, de la même jambe d'attaque. Et vous pourriez alors encore suivre avec un *Fouetté* à la tête, par exemple.

Low Kick contre Low kick, et suivi d'un... Low Kick !

3

4

5

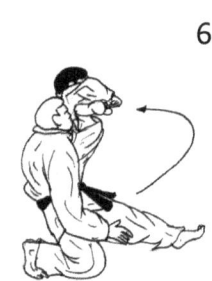
6

Une variante sur ce thème est présentée dans les Figure suivantes : un *Low Kick* ciblant le tibia ou la cheville de la jambe arrière adverse sera très douloureux et causera une chute *frontale*! Et nous allons la présenter dans une application tactique intéressante, contre un 'kicker' agressif. Dans une position classique de gardes identiques, vous feintez du tronc vers l'avant afin de provoquer un contre par le *Coup de Pied Pénétrant de Face* dont votre adversaire est friand. Mais, dès qu'il entame son mouvement, vous esquivez brusquement vers la gauche dans un *Tai Sabaki* de 90 degrés. Lorsque son pied d'attaque **atterrit**, attaquez sa cheville d'un *Low Kick* puissant (**Coup de pied**, et pas balayage), et pressez votre avantage avec un suivi sérieux, alors qu'il atterrit sur la figure.

Positionnez-vous pour le Low Kick au tibia de la jambe arrière: une projection très douloureuse

... L'exemple présenté dans les Figures suivantes est du même genre est ne doit pas, une fois encore, être confondu avec un *balayage*. Le *Balayage Fouetté Bas* sera présenté au Chapitre 8 qui suit. Nous avons ici un **Coup de Pied** qui cause une chute très sèche, mais c'est tout d'abord un coup de pied et non un balayage. Nous allons présenter cette version dans une application de self défense, contre un étranglement arrière debout avec genou dans le dos. Mais notez que cette technique est valide pour toute situation dans laquelle vous avez attrapé la jambe de l'adversaire de l'intérieur. Votre assaillant vous saisit en étranglement par derrière et place son genou dans votre dos ; vous saisissez immédiatement le bras étranglant pour alléger la pression, et vous pivotez brusquement avec un Blocage Bas violent (*Gedan Barai – Karatedo*) du genou dans votre dos. Le Blocage Bas devient une saisie en cuillère qui attrape sa jambe en l'enveloppant. Mais il est important que le blocage soit effectué comme une véritable *attaque du membre adverse*, comme d'habitude en *Karaté Shotokan* : c'est un coup douloureux sur le côté du genou de l'assaillant. Vous complétez votre pivot tout en soulevant le genou de l'adversaire : vous êtes maintenant en position pour un puissant *Low Kick* **au travers du genou** antérieur de sa jambe d'appui. En plus des dommages infligés à l'articulation de son genou, l'adversaire devra subir une très dure chute frontale, fort difficile à contrôler. Suivez après sa chute, par exemple avec un coup de pied écrasant à la cheville.

Low Kick sur l'avant de sa jambe d'appui : très douloureux et cause une chute bien rude

Les Photos illustrent une possible suite contre l'adversaire jeté au sol dans l'exemple précédent : Vous lui saisissez une cheville et attaquez sa cuisse externe avec des *Low Kicks*. Il s'agit ici de coups de pied de **harcèlement** : frappez à répétition, mais retournez en position initiale après chaque Coup de Pied pour bien évaluer la situation.

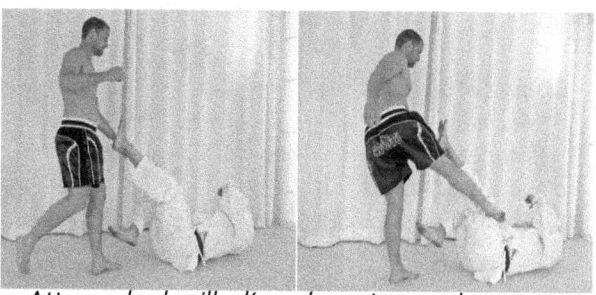

Attrapez la cheville d'un adversaire au sol et attaquez sa cuisse avec une série de Low Kicks

Les Dessins *en haut de la page suivante* illustrent un autre exemple d'application du *Low Kick* contre une attaque par ... *Low Kick* : si vous n'avez pas le temps d'esquiver vers l'arrière et de retirer votre jambe, vous ne pouvez que lever votre genou et intercepter le *Low Kick* avec la partie charnue de la jambe inférieure pour minimiser les dégâts (**Blocage de Jambe** classique). Reposez alors votre jambe tout en l'attaquant du poing à la face (ou au corps selon sa garde). Lancez immédiatement un *Low Kick* de votre jambe arrière vers sa *cuisse intérieure*. Si possible, saisissez-lui le bras ou l'épaule. Suivez, par exemple avec un nouveau *Low Kick* de votre autre jambe et ciblant cette fois le *côté extérieur de sa cuisse avant*. Pressez alors votre avantage sans pause.

Deux Low Kicks comme réponse à un Low Kick bloqué par la jambe avant

Il est intéressant de noter qu'une des suites très naturelles d'un *Low Kick* classique bien réussi sur la cuisse externe adverse, serait la **Projection en Cuillère** (*Sukui Nage – Judo*). La mise en place est illustrée par les Photos qui suivent, et la projection elle-même peut être trouvée dans la section '*Photos et Figures Illustratives*'.

Le Low Kick peut être tout naturellement conclu par la projection **Sukui Nage** *de Judo.*

Et pour conclure cette section, il nous faut rappeler au lecteur que le *Low Kick* est en fait une variation du *Coup de Pied Circulaire Fouetté*. Juste comme pour la version de base fouettée basse, le *Low Kick* est efficace et même encore plus efficace, comme **Coup de Pied de Coupe**. Le *Low Kick* délivre un coup encore plus fort à la jambe d'appui de l'adversaire en train d'exécuter son propre coup de pied. Les Photos qui suivent illustrent une application de ce genre.

Bloquez et attrapez le coup de pied ; frappez la jambe d'appui avec le plus puissant Low Kick possible

Photos et Figures Illustratives

Le Low Kick (Fouetté Circulaire à Jambe Tendue) est un Coup de Pied de base ; c'est généralement un coup de pied bas, mais il peut être aussi exécuté aux niveaux moyens et hauts.

Le Low Kick délivré en **hauteur**, *à l'entrainement…*

…et en compétition (Marc de Bremaeker)

Le classique 'Low Kick' de base dans le genou intérieur (Ziv Faige)

Le 'Low Kick' comme coup de pied coupant, en combat libre (Roy Faige)

Ne pas oublier que ce sont le tronc et les hanches qui 'tirent' le coup de pied pour lui donner sa puissance

Sukui Nage – *la projection d'enchaînement naturelle après un 'Low Kick'*

Addendum

Nous allons conclure ce Chapitre avec une application extraite de notre livre sur les **Coups de Pied Fantômes** (*Stealth Kicks*). L'utilisation des feintes de tous genres vous donnera toujours l'avantage de la surprise ; c'est certainement la façon la plus sophistiquée de combattre. La technique présentée ci-bas est un coup de pied que nous avons nommé dans '*Stealth Kicks*' : *La Feinte Low Kick Devenant un Low Kick Marché* (**Low Kick Feint to Stepping Low Kick**). C'est une technique apparentée au '*Double Low Kick avec changement de jambes en l'air*' que nous avons déjà rencontré dans le Chapitre. C'est une manœuvre de diversion très efficace et facile à maîtriser. Exécutez un *Low Kick Bondissant* rapide de la jambe avant au genou intérieur avant adverse. Ça fait mal et certainement attire l'attention. Répétez alors le mouvement, mais ce sera alors une **Feinte** : croisez les jambes *en l'air* pour effectuer en fait un puissant *Low Kick de la jambe arrière* au genou extérieur adverse, ou même à ses côtes flottantes (*illustré*).

*Apres un Low Kick de conditionnement, un Low Kick feinté devient un Low Kick Bondissant **de l'autre jambe***

LE 'LOW KICK'

8. Le Balayage en Low Kick

The Low Straight-leg Roundhouse Sweep, Banda (Capoeira), Gedan Mawashi Barai (Karatedo)

Général

Voici une variation du *Low Kick* que nous voulions présenter séparément, étant donné que son exécution est légèrement différente. C'est un coup de pied qui a pour but de faire tomber l'adversaire, mais qui doit être considéré comme un **Coup de Pied avant tout**, et seulement dans un deuxième temps comme une projection. L'amenée au sol d'un adversaire pendant un combat est d'une importance psychologique majeure : même si la technique n'a pas été décisive pour finir l'engagement, le fait que votre coup de pied ait causé sa chute va certainement réduire sa confiance en soi jusqu'à la fin de la rencontre. Une projection a aussi un côté spectaculaire qui dérange l'opposition. Le Coup de Pied présenté ici est d'usage courant en Karaté *Kyokushinkai*, et sous d'autres formes proches, dans beaucoup d'autres Arts Martiaux. L'usage privilégié de la technique sera toujours comme **Coup de Pied de « Coupe »**, c'est-à-dire qui frappe la jambe d'appui d'un adversaire en train d'exécuter lui-même un coup de pied. Mais, avec un bon entraînement, la technique est relativement facile à réussir sur un adversaire debout sur ses deux jambes. C'est certainement un Coup de Pied qui mérite un entraînement intensif. C'était une de mes techniques préférée au début de ma carrière de compétiteur, du temps béni où les Balayages étaient très à la mode (L'inoubliable *Dominique Valéra*, souvenez-vous !). Et nombreux sont mes adversaires qui se sont retrouvés au sol grâce à elle....

*Le Balayage **d'une** jambe en Low Kick*

*Le Balayage des **deux Jambes** en Low Kick*

COUPS DE PIED BAS

La version de 'Coupe', de la jambe arrière

La version de 'Coupe' de la jambe avant

Description

Les **'Coups de pied de Coupe'** sont techniquement faciles à exécuter, et un simple *'Low Kick'* de base sur une jambe d'appui sera généralement suffisant pour provoquer une chute. Mais, si l'intention de départ est une amenée au sol, il est alors préférable de l'exécuter dans la version de projection classique que nous allons décrire ici : il faut alors cibler le côté extérieur/arrière de la cuisse, *juste au-dessus du genou et avec un vecteur légèrement montant*. L'Illustration montre une vue d'oiseau comparative du *Balayage en Low Kick* (**diagonal vers le haut**) et du *Low Kick classique* (**horizontal**). Le Balayage a tous les attributs du Low Kick classique, et spécialement le pivot des hanches et l'engagement à fond, mais la trajectoire, surtout après impact, est *vers le haut* afin de plier la jambe au genou tout en la soulevant. Il est clair que le Balayage en Low Kick est un Coup de pied *qui traverse la cible*, et dont le but final (imaginaire) se trouve un demi-mètre au-delà de la jambe. Cette technique peut peut-être sembler farfelue a certains. L'auteur se doit d'assurer le lecteur douteux que ces Coups de Pied sont des techniques relativement faciles à réussir une fois maîtrisés ; et c'est pour cette raison qu'ils étaient mes favoris à une certaine époque de ma carrière sportive. La clé du succès est le **timing**, et, évidemment, une utilisation judicieuse et économe. *Le Balayage en Low Kick* marche le mieux à l'encontre d'adversaires qui réagissent vers l'arrière en cas d'approche soudaine ; ce faisant, ils réduisent l'écart entre leur pieds, ils élèvent leur centre de gravité et ils commencent un vecteur de mouvement avec leur jambes que votre coup de pied va accélérer.

This top view shows well that the kick is very much a hybrid between low Straight-leg Roundhouse- and Front- Kicks

➡

... Un entraînement sérieux est nécessaire pour développer le 'feeling' du Coup de Pied, surtout en combat libre, mais le résultat vaut certainement l'effort investi. Les Dessins illustrent l'exécution contre la jambe avant adverse, après un coup du poing avant (*Jab*) pour provoquer un mouvement de ses pieds. Il est impératif de viser le haut de son genou avec précision, et puis de frapper *au travers et vers le haut*. Il faut aussi toujours suivre directement après la chute, avec d'autres techniques.

Balayage d'une seule jambe en Low Kick. Suivez pour conserver l'avantage

Et les Dessins suivants illustrent à leur tour le même Coup de Pied, mais visant les deux jambes à la fois, dans le cas où votre Jab lui a causé un rapprochement soudain des pieds en posture encore plus petite et plus haute. Visez le même endroit de sa jambe avant, mais avec le haut du tibia cette fois, et utilisez toute la puissance des hanches pour frapper au travers et vers le haut.

Le Balayage des deux jambes en Low Kick : fantastique contre un 'fuyard'

Points clé et Cibles

- C'est un Coup de pied *engagé à fond* : frappez au moins un demi-mètre au travers de la jambe adverse.
- Frappez le côté ou l'arrière de la jambe *uniquement*, au niveau du genou ou de la cuisse inférieure.
- *Le Balayage en Coup de pied Low Kick* ne marchera pas comme projection contre un adversaire statique en position basse. Le but du coup de poing est de causer l'ébauche d'une retraite qui va 'libérer' le pied du poids du corps, et du sol.
- La garde reste *haute*, et il se faut toujours de suivre avec d'autres techniques.

et donc Cibles: Le côté et l'arrière du genou, *très spécifiquement*.

Applications typiques

Comme déjà mentionné, l'application typique de ces coups de pied, à part de l'usage classique orthodoxe direct juste présenté, est comme '**Coups de Pied de Coupe**'. Comme les Coups de Pied d'attaque et de coupe sont quasi-simultanés, le principe de base est de toujours exécuter d'une position qui vous permet d'amortir l'attaque. Vu que vous frappez sa jambe d'appui, il est certain que vous allez affaiblir et partiellement bloquer son coup de pied d'attaque, mais à vous de mettre un point *à rester couvert* par votre bras ou votre épaule.

... Les Dessins illustrent ici une version *non-orthodoxe* de la jambe avant, dans une application contre une attaque par *Fouetté* haut : vous vous penchez vers l'arrière et amortissez l'impact du Coup de Pied Fouetté avec votre épaule et/ou avant-bras opposé. Simultanément, vous frappez sa jambe d'appui d'un **Balayage en Low Kick**. N'oubliez pas de frapper *au travers et vers le haut*. Il est recommandé de bondir légèrement vers l'avant pendant l'exécution, afin d'embrouiller encore plus son sens de la distance.

Coup de pied de Coupe de la jambe avant

Et ces Figures-ci illustrent la même technique, mais exécutée *de la jambe arrière*. Cette variation marchera mieux si vous commencez avec une petite évasion *diagonale vers l'avant, dans son côté intérieur*.

Coup de Pied de Coupe de la jambe arrière, après esquive en diagonale

Entraînement spécifique

Le vecteur anglé vers le haut et la frappe 'au travers' de la cible, sont deux aspects spécifiques de cette technique qui nécessitent un entraînement particulier : un sac qui pend de sorte que son fond se trouve à hauteur de genou, ou un sac long suspendu qui est tenu en diagonale par une corde/ceinture ou par un partenaire. Le Dessin montre clairement comment vous devez essayer de lever et déplacer le sac en diagonale vers le haut avec vos coups de pied ; mais souvenez-vous : **c'est un coup de pied tranchant, pas une poussée.**

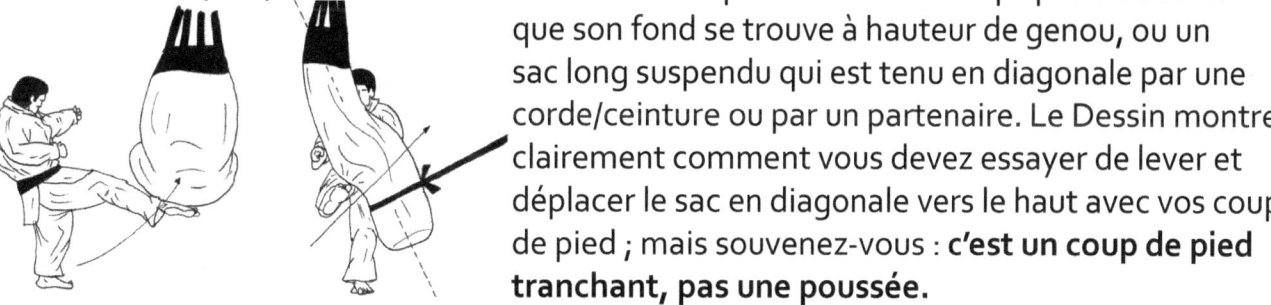

Frappez vers le haut en diagonale. Un gros sac suspendu bas ou un long sac pendu en oblique feront l'affaire

Self défense

Les Dessins *en haut de la page suivante* illustrent une version agressive très pratique du *Coup de Pied de Coupe* contre un Fouetté adverse de la jambe arrière en gardes opposées. Le Coup de Pied suit de près un Coup de Poing d'arrêt en timing, ce qui en fait une tactique plus sûre. Cette manœuvre marchera particulièrement bien si vous conditionnez d'abord votre adversaire avec quelques retraites bien ordonnées devant ses attaques de *Fouettés*. Lorsqu'il vous attaque à nouveau, vous ne fuyez plus mais vous exécutez, vers l'avant, un classique Coup de Poing d'Arrêt (*Gyacku Tsuki*) au milieu du développement de son coup de pied (éventuellement en légère esquive diagonale). Le Coup de Poing a l'avantage supplémentaire de le mettre en déséquilibre, avec sa jambe d'attaque toujours en l'air. *Le Balayage en Low Kick* de son genou d'appui va à la fois endommager son articulation et va le projeter violemment.

Coup de Poing d'Arrêt en timing, suivi de Balayage en Low Kick. Le tout en contre de Fouetté

Et les Dessins qui suivent illustrent une technique *Kyokushinkai* typique, ce style étant friand de blocages de jambe contre les *Low Kicks*. Dans cet exemple, vous allez attaquer sa jambe arrière juste après l'avoir mené à lever sa jambe avant ! Attaquez de la jambe avant avec un *Low Kick* rapide qui vise *sa cuisse supérieure intérieure ou ses parties*, et ce, afin de causer une tentative de blocage classique par le soulèvement de sa jambe avant. Atterrissez immédiatement loin vers l'avant en prenant contrôle de sa main avant de l'intérieur. Poussez le aussi pour le maintenir sur la jambe arrière. Tendez le bras et poussez-le violemment sur la poitrine, tout en exécutant votre *Balayage en Low Kick* sur la partie postérieure de sa jambe arrière. Apres la projection, profitez de votre avantage, par exemple avec un *Coup de Talon Descendant* de base (*Downward Heel Kick, Kakato geri*).

Provoquez son blocage, maintenez-le sur une jambe et frappez !

Addendum

Et maintenant : un exemple apparenté et extrait de notre livre sur les **Coups de Pied d'Arrêt** (*Stop Kicks*). Il s'agit d'un '*Presque Coup d'Arrêt*', basé sur le blocage/saisie d'un coup de pied adverse. Le *Balayage en Low Kick* est pratiquement simultané. Le Coup de Pied/Balayage lui-même est du type : 'de la jambe avant et en bondissant'.

Attrapez la jambe et frappez dans un unique mouvement bien huilé

Et pour conclure ce Chapitre, nous présentons deux versions au sol du *Balayage en Low Kick/ Fouetté*, comme décrit dans notre ouvrage sur les **Coups de pied au Sol** (*Ground Kicks*). Notre premier exemple est la technique Chinoise classique du '**Balai de Fer**' (*Iron Broom*), suivie d'un *Coup de Pied en Hache* (*Axe Kick, Coup de Talon descendant*). Dans cette application, le *Coup de Pied de Balayage* est exécuté selon les mêmes principes présentés plus haut. Dans la seconde application, le 'Balai de Fer' a seulement réussi à mettre l'adversaire en déséquilibre, mais n'a pas pu le mettre au sol. Il faudra donc suivre avec un *Coup de Pied de Balayage en Crochet Retourné au Sol* (*Ground Spin-back Hook Sweep Kick*).

Balai de Fer, ou Balayage au sol en Coup de Pied Circulaire Low Kick. Suivi de Coup de Pied en Hache

Balai de Fer, suivi du Coup de Pied de Balayage en Crochet Retourné au sol, et ensuite de Coup de Pied en Hache au sol pour terminer

Je haïssais chaque minute d'entraînement, mais je disais, 'N'abandonne-pas. Souffre maintenant et vis le reste de ta vie comme un champion'
~Muhammad Ali

9. LE COUP DE PIED FOUETTÉ BAS DESCENDANT

The Low Downward Roundhouse Kick

Général

Voici, à nouveau, un coup de pied de base déjà décrit dans nos ouvrages précédents, mais cette fois visant une cible *basse*. Le Coup de Pied de base classique est une technique-surprise qui attaque la *tête par le haut*, ce qui est évidemment fantastique pour les compétitions à points, ou comme début de combinaison offensive pour les sports de contact. La version basse du Coup de Pied, dont la trajectoire ne convient pas à l'attaque des genoux et des cuisses, n'est généralement utilisée que contre un adversaire *penché, agenouillé ou au sol*. C'est cependant un Coup de Pied intéressant, et très efficace dans ces situations spécifiques. Cette version basse est relativement courante dans les styles Indonésiens, réputés pour leurs techniques féroces et réalistes ; c'est donc une manœuvre qui a été testée en combat et qui est digne d'un entraînement sérieux.

Description

Le lecteur est invité à consulter notre livre précédent pour une analyse plus profonde de la version classique de ce Coup de Pied de base. Dans la version basse, la chambrée se fait plus basse et moins prononcée, mais les *principes d'exécution restent les mêmes*. Voyez Illustrations: Vous chambrez la jambe comme pour un 'grand' Fouetté, mais vous continuez à pivoter jusqu'à ce que vous présentiez mi-dos à l'adversaire. Vous tendez alors la jambe vers le bas, frappez **au travers** de la cible, et puis **repliez** la jambe d'attaque.

Exagérez le pivot de la chambrée du Coup de Pied Fouetté et frappez vers le bas

Points clé

- C'est un Coup de Pied-éclair qui *fouette* et revient : frappez quelques centimètres au-delà de la cible mais immédiatement ramenez votre jambe avec vigueur dans la position de chambrée initiale.
- Le *contact* se fait avec la balle du pied (sous les orteils), la partie supérieure du pied, la cheville ou le tibia inférieur.
- Tournez bien les *hanches* à fond juste avant l'impact.

Cibles

Surtout la tête et la nuque. La clavicule et le dos entre les omoplates sont aussi des cibles valables.

Applications typiques

Comme déjà mentionné, ce Coup de Pied convient surtout à l'attaque d'un adversaire penché ou agenouillé. Les Dessins illustrent une application très pratique de la technique comme suivi d'une attaque réussie au plexus solaire ou aux parties.
Votre premier coup de pied l'a atteint aux testicules et lui a causé de se plier de douleur. Reposez votre pied et exécutez un *Fouetté Descendant* de l'autre jambe vers la nuque offerte. La nuque est un point vital, et cette technique est potentiellement très *dangereuse*. **La prudence est de rigueur !**

Une fantastique combinaison de défense de soi : Coup de pied aux parties et Fouetté Descendant quand il se plie de douleur

Les Figures suivantes illustrent *l'autre* usage classique de ce Coup de Pied : le suivi d'une attaque **du genou arrière** ! Dans notre exemple, vous bloquez l'attaque adverse (Coup de Pied Arrière Retourné/Fouetté du Poing) tout en esquivant vers *l'extérieur*. Contrôlez son bras d'attaque tout en écrasant l'arrière de son genou avec un Coup de Pied Ecrasant avec Pied Incliné. Comme il tombe sur les genoux et s'écroule vers l'avant, attaquez-lui la nuque avec un puissant *Fouetté Descendant*. Mais encore une fois, **prudence !**

Ecrasez le creux poplité de son genou pour le forcer à s'agenouiller, et suivez avec le Fouetté Descendant

Entrainement spécifique

Entraînez-vous à ce Coup de Pied, et à plusieurs hauteurs différentes. Entraînez-vous sur un sac debout, un sac au sol, un coussin de frappe sur une chaise, une pile de tatamis ou un vieux pneu tenu debout par un partenaire. Il est aussi essentiel de s'entraîner à frapper au-delà de la cible et à s'habituer à la sensation de frappe *traversant* la cible ; les Photos *en haut de la page suivante* montrent comment, avec un coussin de frappe brandi par un partenaire.

Pratiquez à plusieurs hauteurs différentes sur le sac debout

Le vieux pneu est toujours un bon outil d'entraînement

Un coussin de frappe sur une chaise ou une pile de tapis de judo feront de bonnes cibles de hauteurs différentes.

Rien de mieux qu'un partenaire pour un entrainement fructueux et pour bien 'sentir' le coup de pied qui traverse la cible

Self défense

Les Figures suivantes illustrent l'utilisation du Coup de Pied, après que vous ayez amené votre adversaire sur les genoux à l'aide d'une Clé de Bras. Dans cet exemple, vous esquivez un Coup de Poing adverse vers *l'avant et l'extérieur* et en prenez le contrôle. Vous pouvez aussi amollir l'assaillant avec un Coup de Paume quasi-simultané. Amenez-le sur un genou avec une Clé de Coude classique, et poussez-le brusquement vers le sol tout en exécutant votre *Fouetté Descendant*. Le Coup de Pied, dans ce cas-ci, l'aide à tomber et doit être exécuté d'une façon plus **lourde** et moins fouettée. L'idée est de frapper sa tête pendant tout le trajet jusqu'au sol. Dès que sa tête frappe le sol, vous pouvez changer de position pour la frapper à nouveau d'un Coup de Genou Descendant de l'autre jambe. **Si justifié.**

Une poussée en armlock va mettre l'adversaire dans la position parfaite pour le Fouetté Descendant

Une autre manœuvre efficace pour amener l'adversaire dans la position penchée nécessaire à l'exécution valide du Coup de Pied, serait le Coup de Genou aux parties ou au Plexus solaire ; cela va être montré sur la page suivante.

... Les Figures qui suivent illustrent une combinaison fantastique qui finit avec notre Coup de Pied à la nuque, de nouveau. Dans notre exemple, vous bloquez un Coup de Poing avec un blocage en croix (*Juji uke – Karatedo*), très pratique pour lui repousser le bras (vers l'intérieur dans notre cas). Vous lui frappez alors le bras vers le bas de la main avant, afin de lui ouvrir le visage pour un Coup de Paume. Gardez le contrôle du bras pour pouvoir lui donner un Coup de Coude Circulaire à la tête, et ensuite le déséquilibrer vers l'avant avec un petit balayage rapide. Suivez d'un Coup de Genou au Plexus, tout en lâchant son bras au profit de sa nuque. Pivotez vers l'arrière pour laisser du vide devant lui alors que vous poussez sa nuque vers le bas. Profitez de sa posture et de ce qu'il titube (ou même trébuche), pour frapper sa nuque avec le *Fouetté Descendant*.

Le Coup de Pied convient particulièrement bien comme suivi d'un Coup de Genou au Plexus

Photos Illustratives

Simple Fouetté Descendant sur la cuisse d'une jambe pliée –
Roy Faige

*Le Coup de pied Fouetté Descendant **haut** de base, pratiqué sur le sac debout*

LE COUP DE PIED FOUETTÉ BAS DESCENDANT

*Le Coup de pied Fouetté Descendant **haut** de base, en action – Marc De Bremaeker. Vue des deux côtés*

*Le Coup de pied Fouetté Descendant **bas**, pratiqué sur le coussin de frappe*

La version « main-au-sol » du Coup de Pied Fouetté Descendant

La volonté de vaincre, le désir de réussir, l'ambition d'atteindre son plein potentiel...ce sont-là les clés qui vont ouvrir la porte du dépassement de soi.
~Confucius

10. Le Coup de Pied Crocheté Bas

The Low Hook Kick

Général

Le **Coup de Pied Crocheté Bas** n'est pas très puissant, et doit donc être employé avec le plus de *précision* possible vers des points vitaux, comme le genou ou le côté de la cuisse riche en terminaisons nerveuses. Il est assez *rapide* cependant et il arrive généralement d'un angle inattendu ; c'est pourquoi il peut être très utile comme composant d'une combinaison d'attaque. Il apparait le plus souvent sous la version 'jambe avant', de façon rapide et explosive, car c'est la vitesse qui est son attribut le plus intéressant. L'exécution de la jambe arrière serait plutôt intéressante comme composant d'un Coup de Pied Feinté, et serait plus basée sur la tromperie que sur la vitesse. C'est mon avis personnel que ce Coup de Pied est une excellente technique d'ouverture offensive : il est rapide est très sûr, et il peut détourner douloureusement l'attention adverse de la cible véritable de la combinaison d'attaque, cible qui va subséquemment être attaquée avec puissance. Personnellement, ma combinaison favorite est le *Crocheté* **Bas** au genou extérieur (avant) adverse, suivi d'un *Fouetté* **haut** venant de son côté intérieur (Voir Photos). Entraînez-vous sérieusement pour faire de votre *Crocheté Bas* une technique sèche et douloureuse, et votre combinaison n'en marchera que mieux. Et croyez-moi, c'est simple et ça marche !

Le douloureux Crocheté Bas extérieur ouvre la voie pour le haut Fouetté Descendant intérieur

Description

Comme il manque de puissance, le *Crocheté Bas* classique est généralement pratiqué *dynamiquement* avec un petit bond avant. Les Photos illustrent l'exécution orthodoxe basse avec jambe tendue, comme serait exécuté le classique *Coup de Pied Crocheté* de base du pied avant. Il doit y avoir toujours un « **crochetage** » supplémentaire dans la cible après l'impact.

Le Coup de Pied Crocheté Bas classique de la jambe avant

Pour la théorie de base des Coups de Pied Crochetés et pour les principes du '*Crochetage*' additionnel à l'impact, le lecteur est invité à se référer à nos travaux précédents. ➡

... La Figure suivante illustre une **chambrée à jambe pliée** pour une variation de ce Coup de Pied (Il ne faut pas confondre cette exécution avec la jambe pliée au finish de la version crochetée du Coup de pied Crocheté classique). *La chambrée à jambe légèrement pliée* est différente ; c'est plutôt une version basse du Coup de Pied Latéral Courbé (*Curved Side Kick*). Cette version est à la fois trompeuse pour l'adversaire et plus puissante à l'impact ; elle est donc intéressante. Pour plus de clarté, nous avons juxtaposé une illustration comparative de l'exécution classique à jambe tendue.

La version du coup de pied a chambrée **de jambe pliée**

Pour comparer : la version classique **à jambe tendue** *du Coup de Pied Crocheté Bas de base*

Points clé

- Garder le tronc aussi *immobile* que possible, afin d'éviter de télégraphier votre attaque. Ça doit être une technique rapide et inattendue (Voir aussi notre livre sur les Coups de Pied Fantômes - '*Stealth Kicks*')
- Frapper *au travers* de la cible et ajouter un crochetage supplémentaire en pliant la jambe à l'impact.
- En cas d'attaque du côté ou de l'arrière de la jambe adverse, il ne faut surtout pas se laisser aller à confondre la technique avec un Balayage : même si le but est de faire tomber l'adversaire, ce sera toujours *avant tout un Coup de Pied* !

Cibles

Le genou de tous les angles, la mi-cuisse intérieure et extérieure, les testicules, la cheville et la base du mollet.

Applications typiques

Ces Photos illustrent l'utilisation du *Coup de Pied Crocheté Bas* en corps à corps (*Clinch*), situation où tous les coups de pied bas prennent de l'importance. Visez la cheville ou la base du mollet. Ce ne sera généralement pas assez, mais un bon début : suivez avec d'autres coups de pied bas.

Le Coup de Pied Crocheté Bas en corps à corps : continuez à frapper sans relâche

... Les Photos qui suivent illustrent l'utilisation classique du Coup de Pied **en ouverture de combinaison** : vous attaquez le genou adverse afin de lui faire mal, afin de créer une diversion et afin de le mettre légèrement en déséquilibre (physique et mental). Comme illustré en situation de gardes identiques, vous attaquez son genou avant de *l'extérieur* et posez ensuite le pied loin vers l'avant. Vous suivez alors d'un Crocheté Retourné haut de l'autre jambe. C'est une combinaison typique '**Bas extérieur/Haut intérieur**'.

Crocheté Bas d'un côté, Crocheté Haut de l'autre

Et ... vue de l'autre côté

Et les dessins illustrent l'application de la version **de la jambe avant**, comme projection classique en gardes opposées, après avoir tourné une feinte de '*Jab*' en saisie. Souvenez-vous qu'il s'agit d'un **Coup de Pied** et pas d'un balayage. Le résultat final sera le même, mais plus douloureux. Visez le genou et suivez toujours : par exemple avec un Coup de Poing et un écrasement.

*Crocheté au genou tout en le poussant vers l'avant : un coup de pied **et** une projection*

Entrainement spécifique

L'aspect le plus important de ce Coup de Pied à entraîner est *l'explosivité* de son exécution et la *dissimulation* totale de vos intentions d'attaque. Entraînez-vous face à un miroir et face à un sac de frappe. Pratiquez alors des combinaisons qui ouvrent avec un *Crocheté Bas* et mettez un point à ne pas précéder de techniques de poings et à ne pas télégraphier vos intentions (Voir '*Stealth Kicks*'). Investissez dans un entraînement *Plyo-Flex* intensif : ce Coup de Pied peut, à force de travail assidu, devenir étonnamment puissant, et l'entraînement en aura valu la peine. **Rappel : les Coups de pied Bas requièrent un entrainement intensif !**

Self défense

Les Photos suivantes illustrent l'utilisation de Coup de Pied comme touche finale d'une combinaison défensive, dans laquelle les attaques alternent d'un côté à l'autre. Si un assaillant vous saisit l'épaule par derrière, il vous faut reprendre l'initiative d'urgence, avant qu'il ne puisse continuer et ne prenne le contrôle de la situation. Dans notre exemple, vous vous retournez de façon explosive (du côté de la saisie) et vous utilisez votre avant-bras pour lui frapper le coude avec l'intention, au moins théorique, de le lui casser ! Ce mouvement va aussi pousser son tronc latéralement, vers le *Coup de Pied Arrière en Uppercut* que vous lancez de l'autre côté. Vous changez alors de nouveau de côté pour un *Coup de Pied Crocheté Bas* à son genou extérieur. Essayez de frapper avec le plus de puissance possible et essayez de cibler l'articulation du genou avec précision : ce devrait être un coup de pied **à potentiel handicapant.**

Le Coup de pied Crocheté Bas comme finish d'une défense contre une saisie arrière de l'épaule

Les Dessins ci-dessous illustrent l'utilisation du Coup de Pied comme une projection, ou comme une manœuvre de 'ramollissement' avant la projection, et ce, dans une situation classique de saisie de jambe adverse. Dans notre exemple, vous avez bloqué un *Fouetté* adverse et pris contrôle de sa jambe d'attaque. Frappez-le au visage de la paume ou des doigts en pointe, et utilisez votre jambe arrière pour un *Crocheté Bas* à la base de son mollet. Ce **coup de pied** a pour but de faire mal, très mal. Suivez sans à-coups avec un Grand Fauchage Intérieur (*O Uchi Gari – Judo*) dans lequel vous le *soulevez* aussi a plein bras **afin de le faire tomber du plus haut possible** ; concentrez-vous sur le plus de dommages possibles.

Une variation douloureuse sur le thème de 'O Uchi Gari'

Il n'est probablement pas inutile d'ajouter que, si votre adversaire se trouve plié ou à genoux, le *Coup de Pied Crocheté Bas* peut être utilisé comme coup de pied à la tête, juste comme le Crocheté de base. Les Photos illustrent un coup de pied *Fouetté Bas avec Crochetage* visant le genou intérieur avant adverse. Cette technique, avec son **crochetage**, va faire céder sa jambe et le mettre dans une position relative adéquate pour l'exécution de *Crocheté Bas* à la tête.

Un Crocheté Bas à la tête pour suivre un Fouetté Bas

Photos Illustratives

Coups de Pied Crochetés hauts de base

*Le Coup de Pied Crocheté : **crocheter** dans la cible à l'impact*

*Le Crocheté de base **en esquive***

*La version **au sol** du Coup de Pied Crocheté Bas*

LE COUP DE PIED CROCHETÉ BAS

Addendum

Nous allons ajouter ici une application basée sur une version *feintée* du *Coup de Pied Crocheté Bas* ; application extraite de notre livre sur les **Coups de Pied Fantômes** (*Stealth Kicks*). Le but de cet exemple est de rappeler au lecteur l'importance de cibler les testicules adverses quand c'est justifié. Comme déjà mentionné plus d'une fois, le *Coup de Pied Crocheté* de base n'est pas très puissant et il est surtout utilisé pour attaquer la tête, avec préférence avec une approche-surprise. Les versions qui visent des cibles plus basses, comme le *Crocheté Bas* décrit ici, sont des techniques plus anecdotiques destinées à détourner l'attention pour permettre d'autres attaques, ou alors elles sont plutôt des amenées au sol. La seule exception à cette règle, est évidemment la région testiculaire. C'est la région la plus sensible du corps masculin, et toujours une cible de choix. C'est bien pourquoi, une feinte de *Coup de Pied Pénétrant de Face* à niveau moyen qui tourne en *Coup de Pied Crocheté aux testicules*, est une manœuvre à haut potentiel de réussite. Le Coup de Pied Crocheté aux testicules doit être exécuté avec une jambe légèrement pliée et qui **crochète** encore d'avantage dans les parties. L'exemple présenté est un Coup de Pied Feinté contre un adversaire friand de contrattaques de poing en timing. La manœuvre décrite est pertinente, même si vous n'avez pas conditionné l'adversaire avec des Coups de Pied de Face de préparation, bien que ce soit préférable. Vous chambrez votre *Coup de Pied de Face feinté*, et votre adversaire ni ne recule, ni ne se prépare à bloquer : il entame son Coup de Poing d'Arrêt a mi-corps (la plus classique des manœuvres d'arrêt du *Karaté Shotokan*). Mais de votre côté, en pivotant de la chambrée de Face en chambrée de Coup de Pied Crocheté, vous bloquez automatiquement sa contre-attaque avec votre genou ; cela rappellera au lecteur un grand nombre de Coups de Pied d'Arrêt décrits dans notre livre précédent. Depuis cette position de chambrée, il sera facile et rapide d'exécuter un court Crocheté aux testicules. Le suivi présenté comprend un *Coup de Pied en Croissant* de la jambe arrière exécuté en puissance dans sa tête, et ensuite la projection classique de *Jiu-Jitsu* a soulèvement d'une jambe (*Kibisu Gaeshi*).

Application du Crocheté aux parties, chambré comme un Coup de Pied de Face

11. Le Coup de Pied Crocheté Retourné Bas

The Low Spin-back Hook Kick

Général

Le Coup de Pied Crocheté Retourné Bas est évidemment la version Retournée (*Spin-back*) du Coup de Pied précédent, et tout ce qui a été dit reste valable. Mais la version Retournée est certainement beaucoup plus puissante, à cause de l'énergie cinétique créée par le pivot. C'est donc certainement une technique plus pratique et plus efficace. Ce Coup de Pied est aussi un fantastique Coup de Pied de Balayage contre la jambe d'appui adverse, comme illustré par la version **au sol** ou la version **de Chute** des Photos. Pour résumer, le Coup de pied Crocheté Retourné Bas est une technique facile à utiliser et douloureuse, qui peut être mise à effet dans de nombreuses circonstances.

La version **en Chute** du Crocheté Retourné Bas, comme Coup de pied de Coupe pour amener au sol un haut 'kicker' – Ziv Faige

Description

Le *Crocheté Retourné Bas* est identique dans son exécution au Crocheté Retourné classique *de base* qui cible plus haut et qui a été présenté dans nos ouvrages précédents. Comme illustré, vous vous retournez, en commençant par la tête et les épaules, puis les hanches, et seulement à la fin, la jambe qui est comme au bout d'un élastique qui se libère. Le Coup de Pied peut être exécuté avec le tronc droit, ou penché en arrière, ou même avec une main au sol.

Un retournement complet, juste comme pour le coup de pied de base, mais ciblant la jambe inférieure adverse

En vous penchant en arrière pendant l'exécution du coup de pied, vous gardez la partie supérieure du corps en sécurité

Vous pouvez même vous pencher jusqu'à ce que votre main touche le sol

... Il faut aussi mentionner, une fois de plus, la version *'en Chute'* du coup de pied, qui sera généralement un coup de pied *'**de Coupe**'* ou un coup de pied bas qui cible **les parties**.

*Le Coup de Pied Crocheté Retourné 'en Chute', exécuté en technique **offensive** 'de Coupe'*

Toutes les variations des *Coups de Pied Crochetés* **de base** sont applicables aux coups de pied bas. Le lecteur est invité à se référer au *'Grand Livre des Coups de Pied'* où un Chapitre complet est consacré aux Coups de Pied Crochetés. Le lecteur devrait aussi consulter le Chapitre précédent où sont présentées des variations du Coup de Pied Crocheté Bas classique (*non-retourné*). Par exemple, la version Retournée peut elle aussi être exécutée avec une jambe d'attaque légèrement pliée durant le retournement, tout comme la version classique (Note : Cela réduit un peu la puissance de l'attaque, mais permet d'attaquer une cible plus proche!).

Points clé

- 'Libérez' la jambe d'attaque au dernier moment possible de votre pivot, juste *comme un élastique tendu*.
- Frappez *au travers* de la cible.
- Ajoutez toujours un effet de *'crochetage' à l'impact* en commençant à plier et à ramener la jambe 'dans' la cible.

Applications typiques

Les Figures illustrent une application intéressante qui souligne bien la versatilité des Coups de Pied Bas. Elles montrent l'utilisation du Coup de Pied après avoir esquivé de l'extérieur, bloqué et fait dévier un Coup de Pied Latéral adverse. Faites alors un pas de plus dans le dos de l'adversaire et frappez le à la nuque (**haut**) d'un coup du Tranchant de la Main (*Shuto Uchi*). Retournez-vous alors pour un C*oup de Pied Crocheté **Bas*** sur le côté de son genou avant. Suivez, par exemple avec un Coup de Poing Fouetté **haut** (*Uraken, Backfist*).

Un Crocheté Retourné Bas est douloureux et inattendu, surtout entre deux frappes hautes

...Un des usages les plus communs de ce Coup de Pied en *Karaté* traditionnel et sportif, est comme **Contre de Balayage**. Dans ces cas-là, la technique est utilisée aussi elle-même comme une projection par Balayage, mais ce sera le plus souvent **un vrai Coup de Pied** (et déguisé en Balayage si les règles de compétition interdisent les Coups de Pied Bas). Les premières Illustrations ci-dessous montrent comment esquiver un Balayage, en levant la jambe attaquée et puis en l'utilisant pour balayer la jambe d'attaque adverse elle-même qui continue sur son élan. Vous pouvez alors suivre avec un *Coup de Pied Crocheté Retourné* contre cette même jambe d'attaque de votre adversaire, qui est maintenant en sérieux déséquilibre.

Levez la jambe, balayez le balayage ; et puis donnez votre Coup de Pied

Les dessins suivants illustrent une autre approche du *Contre-balayage* : vous vous laissez aller **avec** le Balayage, et, ce faisant, vous lui causez d'aller trop loin en perte d'équilibre. Et vous êtes déjà en train de vous retourner !

Ne résistez pas : allez avec le Balayage et puis retournez-vous en Crocheté Bas

Les Photos suivantes illustrent une combinaison agressive de type **haut/haut/bas**. Bondissez de l'avant avec un Coup de Poing Inverse (*Cross, Gyacku Tsuki*) vers le visage adverse. Le mouvement de tire de la hanche vous aide alors à suivre naturellement avec un puissant *Coup de Pied Fouetté* haut de la jambe arrière. Posez la jambe d'attaque tout en gardant l'élan du

vecteur circulaire et retournez-vous avec un *Crocheté Bas* dans sa cuisse extérieure avant.

Inattendu : Cross haut, Coup de Pied Fouetté haut, Crocheté Retourné Bas

Les Dessins suivants illustrent, une fois encore, l'utilisation du Coup de Pied après une Esquive *extérieure*, mais cette fois avec le blocage d'un Coup de Poing sur Pas Complet (*Oie Tsuki – Karatedo*). Apres l'Esquive, vous continuez le pivot pour directement délivrer le *Crocheté Retourné* dans le côté ou l'arrière de sa jambe avant. Posez votre jambe d'attaque et complétez le pivot circulaire avec un puissant *Fouetté* haut de l'autre pied. Vous pourriez aussi exécuter le Fouetté plus bas, dans l'esprit de cet ouvrage, et frapper aux jambes adverses ; mais l'auteur a déjà bien fait comprendre qu'il a tendance à préférer les combinaisons avec alternance de niveaux des cibles, et qu'il conseille de s'y habituer à l'entraînement pour que ça devienne automatique.

Esquivez vers l'extérieur et tournez le pivot de l'esquive en Coup de Pied Retourné

Entrainement spécifique

- Ce Coup de Pied requiert un entraînement à la *précision*, car il doit être rapide et précis. Entraînez-vous sur un sac de frappe long marqué à hauteur du genou ; effectuez le Coup de Pied droit et penché, et à partir de distances différentes.
- Frappez (*avec force*) un vieux pneu tenu en place par un partenaire (Voyez Illustration).

Entraînez-vous sur un vieux pneu pour vitesse, puissance, précision et pénétration

Self défense

Les Photos qui suivent illustrent une manœuvre très simple, à exécuter quand vous êtes soudainement attaqué du poing. Votre assaillant vous attaque du poing avant au visage (*Jab*): Vous vous penchez instinctivement vers l'arrière, mais tout en exécutant un *Coup de Pied d'Arrêt Latéral Bas* dans son genou. Gardez la partie supérieure du corps à bonne distance tout en posant votre pied d'attaque, et passez sans ralentir en *Coup de Pied Crocheté Retourné* dans le **même** genou.

Coup de pied d'Arrêt Latéral Bas, suivi d'un Retourné Crocheté contre le même genou

...Et les Dessins suivants montrent le Coup de Pied comme le *suivi naturel d'une manœuvre de Retournement*. Dans notre exemple, un assaillant vous saisit le poignet de la main opposée. Vous pivotez sur l'axe de votre pied avant, qui est aussi celui de votre poignet saisi, et, simultanément, vous levez la main et pliez le coude. Vous vous libérez, de façon classique, en tirant votre poignet au travers du point faible entre son pouce et ses autres doigts. Complétez votre Retournement avec un *Crocheté Bas* dans sa jambe arrière. Poursuivez votre avantage avec un suivi adapté à ce que la situation justifie.

N'importe quel Retournement peut être couronné d'un Crocheté Retourné Bas

Photos Illustratives

Le Coup de Pied Crocheté Retourné classique en combat— **Marc De Bremaeker**

L'entraînement au Crocheté Retourné haut

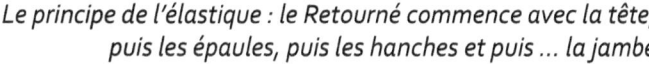

Le principe de l'élastique : le Retourné commence avec la tête, puis les épaules, puis les hanches et puis ... la jambe

Addendum

Nous allons juste ajouter ici une version appliquée du Coup de Pied, extraite de '*Stop Kicks*' (*Coups de Pied d'Arrêt*). Il s'agit d'une version '**de Coupe**', exécutée *vers le haut* pour causer une chute dure à l'adversaire. C'est une technique typique du *Yoseikan Budo*, et les Dessins devraient suffire comme explications.

Coup de Pied Crocheté Retourné de Coupe, comme projection sèche en hauteur, en contre d'une attaque en Coup de Pied Pénétrant de Face

12. Le Coup de Pied Latéral Bas

The Low Side Kick, *Yoko Fumikiri (Karatedo)*

Général

Voici un Coup de Pied dévastateur, idéal pour la défense de soi, sûr d'exécution et extrêmement efficace. Il est souvent dit que c'est le Coup de Pied de choix du système *Jeet Kune Do* original de *Bruce Lee,* qui conseillait aussi l'attaque du point le plus avancé adverse avec l'arme la plus proche de lui *(Coup de pied de la jambe avant)*. Ce Coup de Pied peut être exécuté rapidement de la position de garde et il délivre un résultat maximum pour un effort minimal. Ce n'est cependant *pas un Coup de Pied Ecrasant*, mais un Coup de Pied ordinaire, **avec chambrée et retour dynamique en position de chambrée après impact**. C'est un Coup de Pied qu'il se doit de pratiquer, et il est omniprésent dans toutes les écoles et les systèmes. C'est très souvent un Coup de Pied de la jambe avant, utilisé comme *Coup d'Arrêt* dans toutes les situations, ou comme *Coup de Coupe* contre la jambe d'appui d'un 'kicker'. La technique peut être effectuée tout en se penchant en arrière, ce qui lui donne plus de sûreté. Etant donne sa facilité d'exécution, et l'importance du genou comme cible vitale, le *Coup de Pied Latéral Bas* est probablement l'une des meilleures techniques de self défense possibles.

Fumikiri – Coup de Pied Lateral Bas par Oren Faige

Un fantastique Coup de Pied de self défense sous toutes ses formes : jambe avant, jambe arrière, corps penché, main-au-sol, en bondissant, etc...

*Série classique de **Krav Maga** : Dégagement d'une saisie de poignet couronnée par un Coup de Pied Latéral Bas au genou*

Description

Le Coup de Pied classique est un *Coup de Pied Latéral Pénétrant* de base ; il est juste tout simplement exécuté contre les jambes de l'adversaire. Mais toutes les variations du *Coup de Pied Latéral classique* peuvent être adaptées au **Coup de Pied Latéral Bas**. Notre Livre sur les Coups de Pied de base (*Essential Kicks*) comprend un Chapitre complet consacré aux Coups de Pied Latéraux, et le lecteur est invité à s'y référer pour une théorie générale de leur exécution optimale. Comme discuté en longueur dans l'introduction, l'ampleur de la chambrée pour la version basse dépendra de la situation spécifique ; **mais il faut noter qu'un minimum de chambrée sera toujours absolument requis**. C'est dû au fait que ce Coup de Pied se donne *avec la poussée des hanches* classique qui donne leur puissance aux Coups de Pied Latéraux. Après un peu de **pénétration** dans la cible à l'impact, la technique requiert aussi de ramener la jambe sèchement vers la position de chambrée (*Chamber-back*).

La première série d'illustrations montre l'exécution **classique** du Coup de Pied de la jambe avant. Le tronc peut pencher vers l'arrière autant que nécessaire pour le garder hors de portée de l'adversaire.

La seconde série illustre une variation du Coup de Pied Latéral **Montant** de base, appliquée à une attaque basse. En Japonais, il s'agirait d'une version '**Keage**', pour la différentier de la version classique pénétrante '**Kekomi**'. Il s'agit ici d'un coup de pied rapide, à utiliser quand vous êtes trop près pour un *Coup de Pied Latéral Pénétrant* classique. Ce sera une technique beaucoup moins puissante, car sans chambrée véritable, mais plus rapide et certainement douloureuse pour les tibias adverses. Cependant, la technique devra certainement être suivie.

Coup de Pied Latéral Bas de la jambe avant. Ne pas omettre de tirer le pied sèchement de retour vers la chambrée originale

*La version '**Keage**' du Coup de Pied : plus rapide mains moins puissante*

Points clé

- *Evitez de télégraphier* votre coup de pied par quelque mouvement que ce soit du corps supérieur.
- '*Explosez*' dans la technique ; et si vous avez de la distance à couvrir, sautez **après** avoir chambré pour minimiser les indices.
- Chambrez toujours, et *retirez la jambe*, après impact, vers la chambrée originelle.

Cibles

Le genou de tous les angles, le tibia, la cuisse et même la hanche et la région des testicules.

Applications typiques

Comme déjà mentionné et comme illustré par les Photos qui suivent, c'est un fantastique Coup de Pied **de Coupe**. Exécutez un Coup de Pied Latéral contre la jambe d'appui d'un adversaire en train de développer son Fouetté haut de la jambe arrière. Soyez prêt à amortir le coup de pied adverse dans votre épaule ou dans votre garde au cas où ce serait nécessaire. Cette technique fait partie d'un exercice codifié du style *Sankukai* de Karaté (déjà mentionné), le *Randori Ni No Kata*.

La version 'de Coupe' du Coup de Pied Latéral Bas

Mais, comme illustré par les Dessins suivants, ce sera aussi le Coup de Pied de choix quand vous vous trouvez sur le côté extérieur de l'adversaire. Dans la combinaison offensive présentée, vous ouvrez avec le couple : Coup de Poing Croisé Haut (*Cross*) et *Coup de Pied de Face* du pied arrière a sa mi-corps, tout en laissant votre poing devant sa figure pour lui boucher son champ de vision. Vous atterrissez alors avec le pied d'attaque loin sur son côté extérieur, tout en l'attaquant de la paume au visage (de l'intérieur). Essayer de garder le contrôle de sa main avant (qui vous a éventuellement bloquée), et exécutez votre *Coup de Pied Latéral* sur le côté extérieur ou arrière de son genou.

Le Coup de Pied à préférer si vous parvenez à contrôler le côté extérieur de l'adversaire

Et ce sera aussi la technique de choix pour couvrir en sécurité la distance qui vous sépare de l'adversaire, ou pour l'arrêter sur place dès qu'il fait montre du plus petit soupçon de mouvement (Voir Photo). Ce Coup de Pied, non-télégraphié, vous aidera à fermer la distance, infligera des dommages à l'adversaire, et l'empêchera de contrattaquer. Souvenez-vous seulement de garder le corps supérieur tout à fait immobile lorsque vous sautez dans le coup de pied.

Coup de Pied Latéral Bas de la jambe avant, comme Coup d'Arrêt

Les Photos suivantes illustrent une combinaison typique qui débute avec la version de *'fermeture de distance'* du Coup de Pied. Une fois le Coup de Pied exécuté et la distance à l'adversaire couverte, vous atterrissez en tendant votre main vers son visage afin de le forcer à bloquer. Profitez-en pour prendre contrôle de son bras, et de tirer ce bras tout en attaquant d'un Coup de poing Croisé (*Cross*) à la mâchoire (Le '*Cross*' vient d'hors du champ de vision adverse !). Terminez avec un puissant '*Low Kick*'.

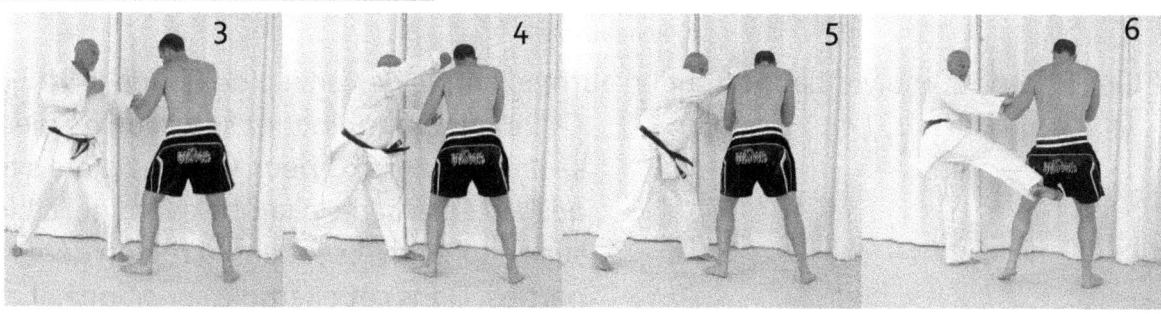

Couvrez la distance qui vous sépare avec le Coup de Pied Latéral Bas de la jambe avant ; technique qui immobilise votre adversaire. Suivez d'autres attaques...

Les Dessins qui suivent illustrent une variation intéressante, bien qu'un peu exotique : une exécution *de la jambe arrière*, et qui attaque le **genou arrière** de l'adversaire ! Dans notre exemple, vous esquivez un '*Jab*' vers l'avant et vers l'intérieur de l'attaquant, tout en exécutant un '*Cross*' (*Gyacku Tsuki*), et en gardant bien votre autre main en garde. Continuez votre pivot naturel des hanches pour exécuter immédiatement un *Coup de Pied Latéral* à son genou arrière, vu que son genou avant est trop proche.

Coup de Pied Latéral Pénétrant Bas de la jambe arrière, *visant le genou arrière adverse*

Entrainement spécifique

- C'est un Coup de Pied qui nécessite un *entraînement à la puissance* : pratiquez sur un sac de frappe tenu par un partenaire. Mettez un point à 'exploser' dans le mouvement. **Les Coups de Pied Bas requièrent de l'entraînement !**
- Pour la *pénétration*, pratiquez sur un vieux *pneu* tenu par un partenaire.
- Entrainez-vous à clore la distance avec un *partenaire* dont les jambes sont protégées: il essayera de vous arrêter ou de fuir ; à vous d'exploser dans le Coup de Pied sans le télégraphier.
- Pratiquez *devant un miroir* pour éviter les signes avant-coureurs télégraphiés.
- Améliorez vos capacités avec un entraînement régulier et compréhensif de *Plyo-Flex*.

Self défense

Les Dessins ci-dessous illustrent l'utilisation classique du Coup de Pied de la jambe arrière, contre la jambe d'appui d'un adversaire à qui vous avez bloqué et attrapé la jambe d'attaque. Il s'agit d'un **Coup de Pied,** et non d'une projection, bien que le Coup de Pied l'amènera de toutes façons au sol. Suivez immédiatement en lui écrasant la cheville pour bien le neutraliser.

*La version **de Coupe** classique, de la jambe arrière*

Et les Photos qui suivent apportent un autre exemple de version de Coupe (*Cutting Kick*). Cette fois, vous bloquez son coup de pied et attrapez sa jambe par l'extérieur. Contrez alors avec un *Coup de Pied Latéral* de la jambe avant qui cible la cuisse supérieure adverse, dans la région générale des parties. Dans cet exemple spécifique, il est plus efficace d'exécuter un *Coup de Pied* **hybride**, entre les versions *Pénétrante et Montante* du Coup de Pied.

Le Coup de Pied Latéral à la cuisse supérieure se répercute jusqu'à la région des testicules

Les Dessins suivants illustrent une application de self défense du Coup de Pied qui frappe au niveau du *tibia inferieur et/ou de la cheville.* Dans notre exemple, vous êtes saisi au col par derrière et poussé vers l'avant. *Cédez* et faites un grand pas vers l'avant pour neutraliser la poussée ; puis commencez alors un pivot qui cause l'attaquant de pousser dans le vide. Exécutez votre *Coup de Pied Latéral* vers sa cheville et frappez-lui l'articulation du coude avec le tranchant de la main. Pensez à la 'casser' ! Continuez votre pivot et concluez votre défense avec un '*Low Kick*' au genou, donné de votre autre jambe {*Vous pourriez aussi invertir votre pivot dans l'autre sens et lui donner un Coup de Pied Arrière Court classique au ventre – Non illustré*}.

Cédez brusquement à sa poussée pour le déséquilibrer, et rebondissez vers lui avec un Coup de Pied Latéral Bas au tibia inferieur

Nous avons déjà mentionné qu'il s'agit du Coup de Pied de choix si vous réussissez à vous positionner *sur le côté extérieur* de l'adversaire, *hors de son champ de vision*. Cette situation est aussi idéale pour une bonne technique d'enchaînement. Les Photos illustrent une esquive extérieure, avec Blocage de Saisie simultané, contre une attaque de Coup de Poing haut. Vous suivez dans le temps avec un rapide *'Petit' Fouetté* aux parties, quasi simultané. Vous repliez la jambe et la renvoyez immédiatement, sans toucher le sol, en *Coup de Pied Latéral* contre le côté de sa jambe. Il s'agit d'un enchaînement classique qui coule très naturellement (et qui vaut l'entraînement nécessaire à sa maîtrise !). Vous pouvez suivre en tirant son bras vers l'avant pendant que vous passez derrière lui pour le placer en étranglement arrière (*Rear Naked Choke, Hadaka jime*). Vous pouvez aussi écraser le creux de son autre genou pour un contrôle encore meilleur.

De Coup de Pied Fouetté intérieur à Coup de Pied Latéral extérieur

Et les Dessins suivants montrent encore une technique de *'clôture de la distance'* pour débuter une combinaison **offensive**, juste comme celles présentées dans la section des **Applications typiques**. Mais dans cet exemple-ci, le vrai but de la manœuvre est d'arriver à contrôler l'adversaire par une Clé de Bras.

Couvrir la distance avec un Coup de Pied Latéral Bas de la jambe avant ; attaquer les yeux pour causer un mouvement de blocage ; Saisie de son bras de l'extérieur ; Arm lock

Photos Illustratives

Le Coup de Pied Latéral Bas – **Roy Faige**

LE COUP DE PIED LATÉRAL BAS

Le Coup de Pied Latéral Montant de base – Ziv Faige

Le Coup de Pied Latéral Retourné de base

Le Coup de Pied Latéral Pénétrant de base

Addendum

Le *Coup de Pied Latéral Bas* est un fantastique **Coup d'Arrêt**, comme déjà mentionné maintes fois. C'est donc une technique centrale de notre livre traitant des Coups de Pied d'Arrêt ('*Stop Kicks*'). Nous présentons ici deux extraits.

Coup de Pied Latéral d'Arrêt Sauté de la jambe avant, avec une chambrée minimale

Coup de Pied Latéral Bas d'Arrêt par Obstruction, de la jambe avant et en bondissant vers un attaquant qui commence son propre Coup de Pied Bondissant ; l'adversaire attaque avec engagement total et s'attend à ce que vous reculiez

Un *Coup de Pied Latéral* qui cible la partie inférieure du corps adverse, peut évidemment être exécuté à partir du **sol**. Voici deux exemples, entre beaucoup d'autres, extraits de '*Ground Kicks*' (**Coups de Pied au Sol**). **Le premier** exemple est la simple version au *Sol du Coup de Pied Latéral d'Arrêt par Obstruction*. **Le second** exemple est un *Coup de Pied d'enchaînement* qui cible l'arrière du genou d'un adversaire debout devant vous.

Coup de Pied Latéral d'Arrêt au Sol, contre le genou d'un Coup de Pied en train d'être chambré

Présentez votre genou en appât-piège. Esquivez le coup de pied ainsi provoqué en baissant la jambe, et profitez de l'élan de l'adversaire pour frapper sa jambe d'attaque. Un Fouetté du Sol va d'abord lui faire mal et accélérer l'élan de sa jambe ; et ensuite, un Coup de Pied Latéral du Sol va lui causer encore plus de dommages et probablement réussir à l'amener au sol.

Comme extrait de notre ouvrage sur les '*Coups de Pied Fantômes*' (**Stealth Kicks**), nous avons choisi un *Coup de Pied Feinté de Diversion*, présenté en contexte : **Le Coup de Pied Latéral Bas chambré comme un Fouetté Haut.** Les Photos sont plus claires que mille mots.

Vous conditionnez votre adversaire avec quelques Fouettés hauts. Le Coup de pied Feinté sera alors chambré de façon identique, mais il se développera depuis la chambrée trompeuse en Coup de Pied Latéral Bas

13. Le Coup de Pied Latéral Bas Ecrasant

The Low Side Stomp Kick, *Yoko Fumikomi (Karatedo)*

Général

Le nom du Coup de Pied est bien explicite : Un *Coup de Pied Latéral Bas Descendant* pour frapper le pied adverse, ou le creux poplité de son genou, **et les écraser dans le sol**. C'est évidemment une technique dévastatrice, extrêmement douloureuse et aussi, facile à exécuter. Il est juste important de se souvenir de rester en garde haute, car le Coup de Pied vous amène très près de l'adversaire ! Il est intéressant de noter que cette technique, souvent comme suivi naturel du *Coup de Pied en Croissant,* est très présente dans les vieux Katas traditionnels du style *Shotokan* de Karaté. Le lecteur expérimenté remarquera de lui-même que les exemples du Chapitre précédent (*Coup de Pied Latéral Bas*) ont aussi souvent un certain côté 'écrasant' dans leur exécution. Nous avons fait exprès de présenter deux Chapitres pour les *Coups de Pied Latéraux Bas* : basique et **écrasant**. Mais il devrait être clair que la plupart des formes d'exécution martiales sont des hybrides avec plus ou moins d'accent sur un aspect ou l'autre ; la description des extrêmes classiques n'est rendue nécessaire que par des besoins de classification claire. Certains des Coups de Pied présentés ici dans les **Applications** pourrait être jugés par le lecteur comme moins écrasants que ceux du Chapitre précédent, et vice versa... La seule chose importante est que le lecteur comprenne les principes, simples, et qu'il travaille selon ses affinités propres et selon la situation spécifique.

Série classique de **Krav Maga** *: utilisation du Coup de Pied Latéral Bas Ecrasant*

Extrait du Kata **'Heian Godan'** *: Un Coup de Pied en Croissant devient un Coup de Pied Latéral Ecrasant*

Une autre série classique de **Krav Maga** *: L'écrasement du côté du genou adverse*

Description

Comme illustré par la Figure, ce Coup de Pied requiert une sérieuse chambrée, comme un *Coup de Pied Latéral* de base. L'ampleur de la chambrée dépendra des circonstances. Une fois chambré, le Coup de Pied écrase **au travers** de la cible, comme si vous tentiez de frapper le sol en-dessous le plus fort possible. Avec ce type de Coup de Pied, *vous ne ramenez pas la jambe automatiquement* : vous pouvez continuer à écraser l'articulation adverse dans le sol (comme un mégot de cigarette), ou vous pouvez choisir de ramener la jambe pour pouvoir continuer avec d'autres attaques. Notez que si vous poussez violemment votre adversaire tout en gardant votre pied sur le sien, il fera une chute dangereuse. Les Photos illustrent l'exécution classique du Coup de Pied comme suivi intrinsèque d'un *Coup de Pied en Croissant,* comme pratiqué dans les *Katas* traditionnels de Karaté. Vous attaquez la garde adverse avec un Coup de Pied en Croissant haut (*Crescent Kick, Mikazuki Geri*), et vous tombez en écrasement sur son pied avant, comme pour le pulvériser dans le sol.

L'exécution de base du Coup de Pied Latéral Ecrasant de la jambe arrière

Le Coup de Pied en Croissant dans la garde adverse devient un Coup de Pied Latéral Ecrasant

Points clé

- Dans sa forme orthodoxe, ce Coup de pied est différent du Coup de Pied Bas précédent : vous frappez *au travers* de la cible, sans arrière-pensée de retour de la jambe d'attaque. Que vous attaquiez le pied, la cheville ou le creux du genou, l'intention doit être un écrasement total, comme si vous vouliez tuer d'un coup, le plus puissant possible, un insecte rampant. C'est, en fait, le coup de pied 'traversant' ultime.
- Une *garde haute* est nécessaire.
- Il faut *toujours chambrer,* et le plus haut possible selon les circonstances spécifiques : Ecraser avec succès est une question de puissance a l'impact.

Cibles

Le dessus du pied, la cheville et le creux poplité du genou.
N' importe où sur un adversaire au sol, mais de préférence les chevilles et les doigts.

Applications typiques

Les Figures qui suivent illustrent une application importante et assez répandue, basée sur le principe déjà rencontré du « **Racle et Ecrase** ». Apres avoir couvert la distance avec un *Coup de Pied Latéral Bas* (ou un Coup d'Arrêt), ne retirez pas la jambe d'attaque vers l'arrière. Cela a l'effet de rendre le Coup de Pied moins puissant et plutôt 'de pousse'. **Mais**, vous transférez alors le poids de votre corps vers la jambe de frappe *tout en raclant son tibia vers le bas* pour terminer en écrasement sur son pied. Le **Raclage** agressif de son tibia sensible est là en addition douloureuse à **l'Ecrasement** final. Evidemment, il vous faut conserver une garde haute et il vous faut suivre. Cette technique est un écrasement moins puissant, mais l'effet de grattage du tibia a un effet déstabilisant et à potentiel débilitant.

*La malicieuse technique de '**Racle et Ecrase**'*

Et les Dessins suivants illustrent l'utilisation du *Coup de Pied Latéral Ecrasant* en corps à corps (*Clinch*). Simple et efficace, comme toutes les meilleures applications ! Il est intéressant de noter qu'un certain effet de *Raclage* est aussi possible dans ce 'close combat', même si vous avez chambré très haut : Essayez simplement de frapper vers le bas tout en restant le plus près possible du tibia adverse. Avec un peu de chance, il y aura du grattage, très déstabilisant pour l'adversaire.

Dès que vous entrez en 'Clinch' : Coup de Pied Latéral d'Ecrasement

Les Figures qui apparaissent en haut de la page suivante illustrent l'application du Coup de Pied comme '*Coup de Pied de Coupe*' contre la jambe d'appui d'un adversaire en train d'exécuter son propre coup de pied. Mais cet exemple est différent des '*Coups de Pied Latéraux Bas de Coupe*' classiques déjà rencontrés. Dans ce cas-ci, vous allez écraser **l'arrière de son genou** pour le lui plaquer dans le sol et *l'écrabouiller*. Dans notre exemple, vous esquivez un *Fouetté* haut à la tête en vous penchant vers l'arrière ; et puis, vous sautez immédiatement en *Coup de Pied Latéral Ecrasant* au creux de son genou d'appui. En fait, vous bondissez dès que sa jambe d'attaque est passée. Prudence : il s'agit d'une manœuvre très **dangereuse** pour l'articulation du genou adverse. Mais dans une situation réelle sérieuse, n'hésitez pas à 'moudre' son genou dans le sol comme un mégot de cigarette, si c'est justifié.

*Esquivez (**Duck**) le Fouetté Haut et frappez du Latéral Ecrasant dans le creux de son genou d'appui*

Entrainement spécifique

Malgré qu'il ait l'air simple et facile, ce Coup de Pied requiert un entraînement assidu pour lui donner de la **puissance** et pour apprendre à frapper '**au travers**' de la cible. Entraînez-vous avec un pneu tenu debout par un partenaire (cible genou), un pneu sur le sol (cible cheville). Pratiquez le « *Racle et Ecrase* » sur un sac de frappe doublé d'un coussin-cible sur le sol. Pratiquez sur un sac de forme humaine, tenu debout par un partenaire. Pratiquez sur un sac au sol. **Tous les Coups de Pied Bas requièrent de l'entraînement**, juste comme les Coups de Pied classiques : l'Ecrasement n'est certainement pas une exception !

Entrainement a 'Racle et Ecrase' : utilisez le sac et le coussin de frappe

Ecrasez le vieux pneu pour développer la puissance, imaginez un écrabouillage total...

Self défense

Comme illustré par les Dessins, ce Coup de Pied exécuté dans le creux poplité du genou, est la technique de choix pour **venir à l'aide** d'une personne en train d'être agressée. Vous arrivez derrière l'assaillant, et lui saisissez l'épaule (pour contrôle) tout en lui écrasant le genou dans le sol. Effectuée violemment, cette manœuvre aura pour effet de neutraliser immédiatement toute menace, et même de neutraliser un Coup de Poing au milieu de son envol. Vous pouvez alors suivre avec une clé de bras, un étranglement ou un coup à la tête. Vous aurez ainsi protégé un de vos proches ou une victime sans défense.

Le meilleur Coup de Pied pour aider une tierce personne

LE COUP DE PIED LATÉRAL BAS ECRASANT

... Juste comme le *Coup de Pied Latéral Bas* classique, le *Coup de Pied Latéral* **Ecrasant** est un suivi naturel après un *Fouetté* aux testicules depuis *l'extérieur* de l'adversaire. Cet enchaînement, illustré dans les Dessins ci-dessous, est différent de la combinaison présentée dans le Chapitre précédent : ce Coup de Pied-ci au genou est un **Ecrasement** jusqu'au bout. Dans cet exemple, vous esquivez le Coup de Poing adverse par l'extérieur, vous contrôlez/ saisissez le bras adverse, et vous exécutez un rapide *'Petit' Fouetté* aux testicules, depuis *l'extérieur*. Retirez votre jambe de retour en position de chambrée, et de là, frappez vers le bas et écrasez directement le creux de son genou. Gardez le contrôle de son bras, attrapez-lui les cheveux, tirez lui la tête vers l'arrière pour pouvoir lui attaquer la gorge avec un coup du sabre de la main ou du coude (si justifié). Cette combinaison dans son entièreté est une technique très dévastatrice, de par son attaque des testicules et de la destruction articulaire du genou (et du suivi éventuel à la gorge).

De Fouetté aux parties à un Coup de Pied Latéral Ecrasant au creux du genou. Un écrasement total va permettre un suivi de techniques très dangereuses

Les Dessins qui suivent, *en haut de la page suivante*, illustrent l'utilisation de la version '**Racle et Ecrase'** du Coup de Pied dans un enchaînement de libération d'un étranglement de face collé à un mur. Contractez au maximum les muscles du cou, et levez un bras le plus haut possible pour immobiliser une de ses mains d'attaque. Exécutez rapidement un *Coup de Pied Montant* ('Lift Kick') de base aux testicules. Suivez immédiatement d'un violent pivot, tout en gardant votre bras levé pour verrouiller son poignet, et laissez le *Coup de Pied Montant* tourner naturellement en chambrée haute pour le *Coup de Pied Latéral Ecrasant*. Donnez le Coup de Pied dans sa version 'Raclante' et écrabouillez lui le pied. Baissez votre bras levé violemment dans sa saisie, en Coup de Coude Descendant. Gardez votre pied sur le sien, prenez contrôle de ses bras et suivez d'un Coup de Coude Latéral au visage. Continuez si nécessaire. ➡

Coup de Pied aux parties devient un 'Racle et Ecrase'; le tout dans une technique contre un étranglement de face

Et les Figures suivantes montrent une application classique du Coup de Pied contre un type de balayage typique du *Kung Fu* traditionnel : un crocheté de la cheville avant délivrée de façon très spécifique et souvent nommé le '**Balai de Fer**'. Le *Coup de Pied Latéral Ecrasant* en est la contrattaque parfaite. Vous neutralisez le balayage en plaçant tout le poids de votre corps sur le pied avant, et vous prenez une position de chambrée haute du *Coup de Pied Latéral*. Ecrasez le côté de son genou, alors que sa jambe est immobilisée de fait par la vôtre. Soyez prudent à l'entraînement et ne descendez pas le pied jusqu'à la fin : il s'agit d'une attaque articulaire **très dangereuse et à exécuter avec prudence.**

Ecrasez la jambe qui tente de vous crocheter

Les Dessins qui sont *présentés en haut de la page suivante*, illustrent, à l'aide d'un exemple, l'utilisation du '**Racle et Ecrase**' Latéral contre une clé de cou de type '*Guillotine*'. Il s'agit d'une attaque très sérieuse qui réclame une réaction plus qu'immédiate : saisissez ses bras pour alléger la pression, et exécutez une version basse contre son genou du Coup de Pied de base '**Latéral de Face**' (Voir '*Essential Kicks*'). Pivotez légèrement tout en tirant sur ses bras et tournez le Coup de Pied en un solide '*Racle et Ecrase*'. Continuez votre rotation, relevez-vous et essayer de briser sa clé en 'écrabouillant' son pied dans le sol. Complétez votre pivot et placez-le en Arm-lock. Un excellent suivi serait de l'amener au sol en sautant (comme pour une chute latérale *Yoko Ukemi*) avec tout le poids de votre corps sur son coude, déjà en clé.

LE COUP DE PIED LATÉRAL BAS ECRASANT

Evasion d'une Guillotine après avoir 'amolli' l'attaquant avec un Coup de Pied Latéral 'Racle et Ecrase'

Et les Figures suivantes illustrent une application moderne de l'enchaînement traditionnel '*Coup de Pied en Croissant devient Coup de Pied Ecrasant*'. Dans notre exemple, vous bloquez et saisissez le '*Jab*' de votre attaquant ; vous tirez alors son bras vers le bas tout en exécutant votre *Coup de Pied haut en Croissant* de la jambe arrière, **de toutes vos forces au travers de sa tête.** Cela va automatiquement placer votre adversaire en position qui présente le creux de son genou à votre *Coup de Pied Ecrasant*. Voici encore une attaque très dangereuse pour l'articulation de genou, car le Coup de Pied ne vient pas droit de l'arrière, mais avec un léger biais latéral. Faites preuve de **prudence** extrême, spécialement à l'entraînement.

Coup de Pied en Croissant devient Coup de Pied Ecrasant

Les Dessins suivants illustrent, une fois de plus, un *Coup de Pied 'de Coupe'* ; mais, cette fois, c'est surtout pour souligner un suivi possible. <u>Laisser votre pied en position lourde à la fin de l'écrasement peut vous aider à immobiliser un adversaire de douleur, pendant que vous placez une technique de contrôle.</u> Dans notre exemple, une clé de cheville. Votre assaillant lance un *Coup de Pied Latéral* que vous esquivez en retirant votre jambe avant vers l'arrière, dans le style du *Hiki-Mi* mentionné dans l'Introduction. Mais, pendant que vous bloquez et attrapez la jambe d'attaque, votre jambe d'esquive <u>rebondit</u> vers l'avant en position de Chambrée Latérale. Exécutez le *Coup de pied Ecrasant* dans l'arrière de son genou, tout en gardant le contrôle de sa jambe d'attaque. Ecrasez son articulation dans le sol, 'moulez'-le violemment en place et placez votre clé de cheville sur son autre jambe. Prudence à l'entraînement!

Gardez votre pied d'attaque en position écrasante douloureuse pour placer des techniques de contrôle plus aisément

... Et pour terminer cette section, les Photos suivantes illustrent une variation du Coup de Pied, variation dans laquelle la trajectoire est légèrement **courbée** de façon à permettre de frapper le **côté** du genou d'un adversaire qui vous fait face. Le principe derrière la technique est semblable à celui du 'Coup de Pied Latéral Courbé' mentionne dans notre ouvrage '*Essential Kicks*' et illustré par une vue d'oiseau présentée dans les Figures précédant les Photos. C'est en fait une sorte de *Coup de Pied Feinté*, un peu inattendu et souvent très efficace. Dans notre exemple, le Coup de pied va aider à faire plier le genou adverse malgré qu'il vienne de face.

En gardes opposées, vous esquivez un *Coup de Pied de Face* de la jambe arrière adverse, en reculant juste assez pour ne pas être touché. Pendant que votre attaquant va poser son pied, vous levez votre propre pied avant pour lui écraser le côté de son genou juste à l'atterrissage. Pour y parvenir, il vous faudra *courber légèrement la trajectoire* du **Coup de Pied Ecrasant** pour la transformer en quelque chose qui ressemblerait un peu à un *petit Coup de Pied en Croissant Extérieur*. Suivez d'autres techniques !

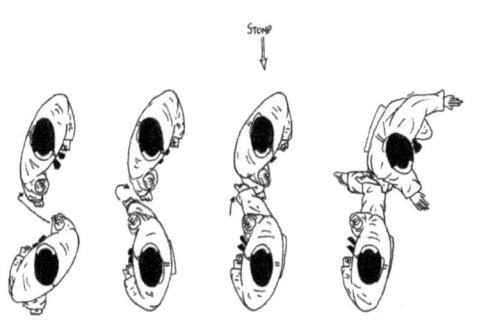

Courbez le développement du Coup de Pied afin de la placer en bonne position d'écrasement

Courbez la trajectoire pour atteindre le côté arrière de son genou

Photos Illustratives

Coup de Pied Latéral Bas contre l'auteur, par **Mishka Daglietsky** retenu par une bande élastique d'entraînement

Coup de Pied Latéral Ecrasant d'Arrêt à la hanche

D Entraînement au Coup de Pied Latéral Ecrasant – **Roy Faige**

LE COUP DE PIED LATÉRAL BAS ECRASANT

Addendum

Nous avons extrait du livre '**Stop Kicks**' (*Coups de Pied d'Arrêt*) deux exemples d'utilisation du fantastique *Coup de Pied Latéral Ecrasant*, en tant qu'attaques concluantes suivant un *Coup de Pied d'Arrêt par timing*. Dans la première série de Dessins, le Coup de Pied Bas coule tout naturellement comme la suite facile d'un *Coup de Pied Crocheté d'Arrêt par timing* ; le Coup d'Arrêt suivant lui-même avec naturel une esquive par penchée arrière d'un '*Jab*' adverse. La seconde série d'Illustrations montre une fois de plus l'*Ecrasé Latéral* qui se coule tout naturellement à la fin d'un *Coup de Pied en Croissant* qui attaque le coude d'un assaillant brandissant un bâton. Sans aucun doute, un important Coup de Pied d'enchainement !

Esquive vers l'arrière, Coup d'Arrêt, Ecrasement

Coup d'Arrêt à l'articulation du coude, Coup de Pied Ecrasant à l'articulation du genou

De '**Stealth Kicks**' (*Coups de Pied Fantômes*), nous avons extrait une technique importante du Chapitre couvrant le '**Coup de Pied Latéral Chambré comme un Fouetté**'. Vous entamez une Chambrée de *Coup de pied Fouetté*, et votre adversaire part en Coup de Poing d'Arrêt (*Gyacku Tsuki*). Votre Chambrée tourne en *Chambrée de Coup de Pied Latéral*, et de ce fait, en **Blocage de Jambe** du Coup de Poing au corps. De cette position, il est facile d'écraser la cheville avant de l'adversaire. Après le *Coup de Pied Ecrasant*, vous pouvez suivre avec un *Crocheté Retourné* haut, comme illustré. Ou toute autre technique à votre goût...

Contre un adversaire friand du Coup de poing d'Arrêt : Blocage de Jambe devient un Ecrasé Latéral. Suivez

...Le lecteur se souvient surement de la technique de '*Ecrase et Pousse*' décrite plus haut. Pour le *Coup de Pied Latéral Ecrasant*, il existe une version similaire dans laquelle vous immobilisez le pied écrasé et causez la chute de l'adversaire.

Il s'agit, dans ce cas-ci, d'un '**Ecrase et Tire**', mais tout aussi endommageant pour l'articulation de la cheville. Vous écrasez la cheville adverse, vous laissez votre pied d'attaque fermement sur son pied avec tout votre poids, et puis vous tirez l'adversaire en déséquilibre. Dans notre exemple, la manœuvre est effectuée de façon offensive, et votre saisie de son bras détourne son attention de la chambrée du *Coup de Pied Ecrasant*. **Prudence** à l'entrainement : il s'agit d'une technique causant de sérieux dommages à l'articulation.

'**Ecrase et Tire**' *offensif : gardez votre pied écrasant sur le sien*

14. Le Coup de Pied Arrière Bas

***The Low Back Kick**, Ushiro Gedan Geri - Karatedo*

Général

Voici un coup de pied très simple à exécuter, avec moins de mouvement des hanches que le *Coup de Pied Arrière Pénétrant* de base qui lui correspond. La version basse peut être donnée avec une ampleur de chambrée variable et avec un angle de penchée du tronc variable, selon les circonstances spécifiques. C'est un Coup de Pied très important pour la défense de soi, étant donné que, dans la réalité d'aujourd'hui, les probabilités d'être assailli par derrière ne sont malheureusement pas négligeables. Il existe de nombreuses variations pratiques du Coup de Pied, et nous allons en présenter les principales ici. Notre livre précédent à propos des Coups de Pied de base ('*Le Grand Livre des Coups de Pied*') comporte un Chapitre complet qui traite des *Coups de Pied Arrières* ; la plupart des variations de base présentées peuvent être aussi exécutées **bas**.

*Série classique de **Krav Maga** contre une saisie du corps par derrière ; elle utilise nombre de Coups de Pied Arrières Bas : Ecrasement, Coup de Pied d'Ane dans le tibia et Coup de Pied Arrière Crocheté aux Parties*

Description

La première Figure illustre l'exécution **classique** de la technique, juste comme un *Coup de Pied Arrière* normal : chambrée haute, poussée pénétrante des hanches et tirée de la jambe en retour. Mais il existe aussi une version **Ecrasante** contre un adversaire plus proche (*Seconde Figure*), où on ne retire évidemment pas la jambe ; cette version sera présentée brièvement dans une section différente.

Le Coup de Pied Arrière Bas classique

Le Coup de Pied Arrière Ecrasant

La troisième Figure illustre une version un peu **Montante** du Coup de Pied (*Keage* en Karatedo), version qui cible le tibia ou le genou de l'assaillant avec une jambe qui reste plus ou moins tendue. Pas besoin de chambrée donc, mais le tronc penche vers l'avant pour rester plus ou moins en alignement avec la jambe d'attaque.

Il y a d'autres variations de base du *Coup de Pied Arrière* qui peuvent être adaptées à l'exécution **basse**, comme le finish crocheté, l'exécution en Uppercut, ou le Retournement (*Spin-back*). Quelques exemples de ces principes de base seront présentés dans la section de Self défense.

Le Coup de Pied Arrière Bas à Jambe Tendue Montante

Points clé

- Toujours *chambrer* avant la frappe.
- Regardez vers l'arrière *pendant* la frappe : vous êtes en position précaire et il ne faut pas perdre de temps en regardant d'abord.

Cibles

Genou (Voir Photo), tibia, cuisse et testicules.

Coup de Pied « d'âne » au genou adverse

LE COUP DE PIED ARRIÈRE BAS

Applications typiques

Les Photos illustrent une variation très utile en 'balancier à jambe pliée', une sorte de ruade, appelée souvent le **Coup de Pied de l'Ane** (*Donkey Kick*). Votre assaillant vous saisit en saisie du corps sous les bras par derrière (Prise de l'Ours). Vous prenez directement contrôle de ses bras et vous chambrez votre jambe légèrement pliée en la levant devant vous. Frappez alors vers l'arrière en ciblant son tibia, et pliez la jambe un peu plus à l'impact pour encore un peu plus de puissance. Le contact se fait avec le talon, et vous devez vous pencher vers l'avant pendant exécution.

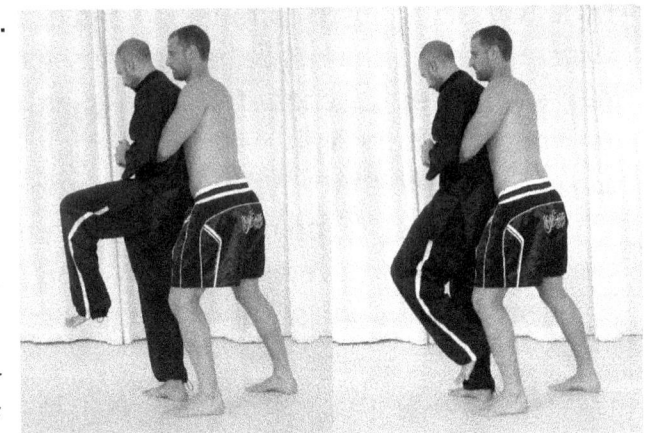

Coup de Pied Arrière Bas au tibia pour se libérer d'une prise d'Ours

Les Photos suivantes illustrent une application plus classique qui comporte un **Retournement**. Il s'agit d'un enchaînement *haut/bas* basé sur un piège pour attirer un adversaire friand de contrattaque. Attaquez le visage de l'adversaire avec un Coup de Poing en Cross (*Gyacku Tsuki*) convaincant, mais retirez immédiatement le poids de votre corps vers l'arrière et commencez votre Retournement en vous penchant (pour plus de sécurité). La partie supérieure de votre

corps s'éloigne donc d'un contre de poing adverse possible. Exécutez votre *Coup de Pied Arrière Retourné* contre son genou avant, avec votre tronc toujours hors d'atteinte. Vous pourriez suivre avec un Coup de Poing Fouetté (*Backfist, Uraken*) qui prend avantage de l'élan du pivot.

Coup de Pied Arrière Bas Retourné au genou

Les Photos *en haut de la page suivante* illustrent l'utilisation judicieuse du Coup de Pied en corps à corps. En étant près de l'adversaire, vous étouffez la force de coups de poings possibles en roulant sur lui et en l'obstruant pendant votre retournement en force contre lui ('*Jamming*'). Concluez cette manœuvre avec un Coup de Coude Retourné Circulaire Descendant à la tête. Penchez-vous immédiatement vers l'avant et attaquez ses testicules non-protégées avec un *Coup de Pied Arrière Montant* (un peu comme le Coup de l'âne). Notez que d'autres Coups de Pied Arrières auraient pu faire le travail avec efficacité ; vous pourriez les utiliser pour suivre et conclure.

Etouffez l'adversaire avec un retourné agressif ; frappez haut, puis bas

Entrainement spécifique

- Entraînez-vous pour la *puissance* sur un sac debout ou sur un pneu tenu par un partenaire. Il s'agit d'un Coup de Pied de puissance qui nécessite de la pratique. **Les Coups de Pied Bas requirent de l'entraînement !**
- Pratiquez une exécution *automatique*, sans d'abord regarder vers l'arrière, sur un sac debout ou un pneu. Evitez tout signe avant-coureur avant l'exécution (télégraphe).
- La pratique avec *partenaire* est toujours productive (Photo).

Un Bouclier de frappe tenu par un partenaire servira de cible d'entraînement excellente

Self défense

Les Photos qui suivent illustrent le **Coup de pied Arrière Retourné** classique aux *parties*, qui suit très naturellement un Blocage de Tibia contre un '*Low Kick*' adverse. Suivez avec un Coup de Coude.

De Retourné à Coup de Pied Arrière Bas à Coup de Coude

LE COUP DE PIED ARRIÈRE BAS

...La version **Retournée** est extrêmement puissante et utile dans de nombreuses situations.

Les Photos suivantes présentent un autre exemple, dans lequel le Retourné commence comme une attaque *Fouettée Basse*. Vous frappez **à travers tout** avec le *Coup de Pied Fouetté Bas*, et vous continuez avec le *Coup de Pied Arrière Bas Retourné*.

Un Fouetté Bas au travers du genou avant adverse vous permettra de commencer votre Retournement pendant que l'opposant est déséquilibré physiquement et mentalement

Et la version **Uppercut** de base du Coup de Pied est présentée dans les Photos suivantes, comme *Coup d'Arrêt de 'timing'* aux testicules d'un Kicker friand de Coups de Pied hauts.

Le Coup de Pied Arrière en Uppercut monte directement vers sa cible

Les Photos suivantes montrent un exemple classique **offensif** de la version de base

Crochetée du *Coup de Pied Arrière*. Un pas croisé avec une combinaison de Coups de Poing (*Fouetté et Fouetté Retourné*) vous placera à l'endroit idéal pour un *Coup de Pied Arrière Crocheté* **entre les jambes** de l'adversaire.

Le Coup de Pied monte, puis crochète de retour vers l'avant

Et ces Photos-ci illustrent un exemple **défensif** : esquivez un *Coup de Pied de Face* en avançant en diagonale vers l'extérieur, et sautez dans un *Coup de Pied Arrière Crocheté* entre les jambes de l'adversaire, mais **par l'arrière**.

Esquivez vers l'avant-extérieur pour la position de départ idéale

Le **Coup de Pied Arrière Fantôme Montant** est une manœuvre sournoise, exécutée en tournant le dos comme si vous vouliez fuir votre assaillant peureusement. Le Coup de Pied monte simplement, rapidement et de façon inattendue vers les testicules de votre adversaire, mais sans puissance. Les Photos qui suivent illustrent une exécution offensive après une feinte de Coup de Poing haut.

Le Coup de Pied Arrière Fantôme Montant ; toujours imprévu

Les Dessins suivants illustrent une application du **'Coup de pied d'Ane'** dans une technique d'*Aiki-Jitsu* de défense contre une saisie des deux poignets par l'arrière (Attaque *Ushiro Ryote Tori*). En fait, le Coup de Pied servira à amollir l'adversaire pour une exécution plus facile de la projection classique *Juji Nage*. Frappez son genou ou son tibia avec un *Coup de Pied Arrière* de type 'âne', et posez votre pied sur le sien en *Coup de Pied Arrière Ecrasant* classique. Pivotez entre ses bras pour placer l'Arm-lock par son propre bras qui devient une projection *Aiki* facile.

Coup de Pied Arrière et Ecrasement Arrière comme début d'une défense contre saisie des poignets par derrière

Les Figures qui suivent illustrent l'utilisation de la **version Crochetée** du *Coup de Pied d'Ane* (*Donkey Kick*), contre une autre attaque par derrière. Le suivi proposé de notre exemple sera, encore une fois, une projection par croisement des bras en clé. Votre assaillant vous saisit un poignet par derrière, tout en essayant de vous étrangler avec son autre bras (Attaque classique *Kubishime* en *Aikido*). Attrapez immédiatement son bras d'étranglement pour alléger la pression, et levez votre autre bras sur le côté en vous bougeant lateralement et vers l'avant. Ce mouvement devrait être accompagné d'une frappe sérieuse des fesses vers la région générale des parties génitales de l'adversaire. Attaquez alors à nouveau les testicules avec un *Coup de Pied Arrière Montant à Jambe Pliée* (= Ane), *mais crochetez à l'impact* pour décupler l'effet voulu. Levez votre poignet saisi par-dessus votre tête et attrapez son poignet de saisie avec votre autre main. Descendez en position de Projection de Hanche (*Jiu-Jitsu*) contre votre assaillant, et exécutez la dangereuse *Projection d'Epaule à bras croisés en clé*.

Coup de pied Arrière Crocheté pour desserrer une saisie adverse

Les Figures suivantes illustrent une autre application du **Coup de Pied Arrière aux Testicules**, mais exécuté de plus loin ; ce sera donc une version *moins Crochetée*, mais *plus 'Uppercut'* (Voir '*Essential Kicks*'). Votre assaillant vous saisit le col par derrière et vous pousse vers l'avant. Ne résistez pas ! Faites un grand pas et penchez-vous vers l'avant pour le mettre en déséquilibre ; puis frappez soudainement d'un *Coup de Pied Arrière* vers ses parties génitales. Pivotez alors énergiquement vers l'extérieur de son bras de saisie et frappez l'articulation de son coude avec votre avant-bras. Concentrez-vous à essayer de lui casser le bras ! Continuez votre Retournement pour prendre contrôle de son bras et pour le mettre en Arm lock.

Cédez et faites un grand pas vers l'avant, puis frappez en arrière

Et les Figures qui suivent donnent un dernier exemple de self défense avec une utilisation de la version **Pénétrante** classique, dans une situation d'attaque frontale. Un assaillant se jette sur vous pour vous étrangler de face des deux mains. Reculez tout en pivotant et en vous penchant, afin de le mettre en déséquilibre avant qu'il puisse consolider sa saisie. Chambrez immédiatement votre jambe avant et frappez son genou avant d'un classique *Coup de Pied Arrière*. Vous pourriez suivre d'un *Coup de Pied Crocheté Retourné* de l'autre jambe.

Reculez et penchez-vous ; et puis chambrez haut et frappez durement au travers de son genou

Addendum

Il ne faut pas oublier que le *Coup de Pied Arrière* est aussi un outil important pour le combat au sol. Dans l'exemple présenté, le **Coup de Pied Arrière Retourné au Sol** suit un *Fouetté Descendant au Sol* que vous avez exécuté dès votre atterrissage.

Coup de Pied Arrière Bas Ecrasant

Back Stomp Kick

Général

C'est un Coup de Pied très simple, déjà présenté et illustré plus haut dans le livre. C'est un Ecrasement, juste comme les *Coups de Pied Ecrasants de Face et Latéral*, mais exécuté cette fois légèrement derrière vous. Nous allons donc nous limiter à présenter juste deux applications détaillées relevant du MMA et de la Self défense, et ce, comme illustration supplémentaire du principe universel de l'écrasement.

Description

Levez votre genou très haut, et, de cette position de chambrée, écrasez le sol au travers du pied ou de la cheville de l'adversaire, *comme si vous écrabouillez un insecte nuisible*. Les Photos montrent le début d'une défense contre une prise au corps par derrière. Des suivis techniques possibles seront présentés dans les **Applications**.

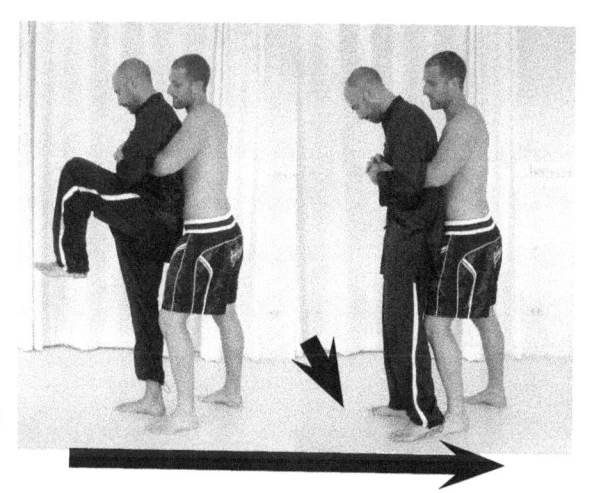

Le Coup de Pied Arrière Ecrasant ; chambrez haut

Application typique

Les Figures ci-bas montrent le Coup de Pied dans une défense contre une prise arrière du corps sous les bras (*Ours*), et suivie d'une projection classique. Tout d'abord, chambrez haut et écrasez avec puissance maximum le pied de l'assaillant ; votre pied d'écrasement doit être placé dans la position la plus pratique, généralement un peu en biais. L'impact se fait avec le talon. Vous pourriez aussi '**racler**' le tibia pendant la descente, mais il faut savoir que cela réduit la puissance de l'écrasement. Penchez-vous alors immédiatement pour attraper l'autre cheville de l'adversaire entre vos jambes. Tirez sa jambe violemment vers le haut en le repoussant avec vos fesses ; l'assaillant devrait tomber sur le dos. Gardez le contrôle de sa cheville et frappez immédiatement ses testicules offertes en un second *Ecrasement Arrière*. Il faut noter que l'ensemble de cet enchaînement classique peut être précédé d'un Coup de Tête Arrière (*non illustré*) pour encore plus de dommages.

Coup de Pied Arrière Ecrasant, suivi de projection, suivie d'Ecrasement Arrière aux testicules

Self Défense

Les dernières Illustrations montrent un autre suivi possible de la technique précédente. Après l'éventuel Coup de Tête Arrière et le puissant Ecrasement du pied, vous saisissez la paume de sa main et vous la libérez vers le bas tout en pivotant. Tordez alors son poignet dans une clé typique de style *NiKyo* (*Aikido*, *JuJitsu*), tout en lui frappant le tibia (*Coup de Pied Bas* classique). Complétez votre pivot et utilisez votre autre main **pour lui attraper le petit doigt**. Pliez-lui le petit doigt en le pointant vers le haut et utilisez cette Clé de Doigt pour l'amener au sol. Finissez-le avec des Coups de Pied supplémentaires. Il est évident que le pratiquant *d'Aikido* pourrait procéder facilement avec le *NiKyo* classique ou une de ses variantes. Mais l'attaque du petit doigt est bien plus facile et tout aussi dévastatrice.

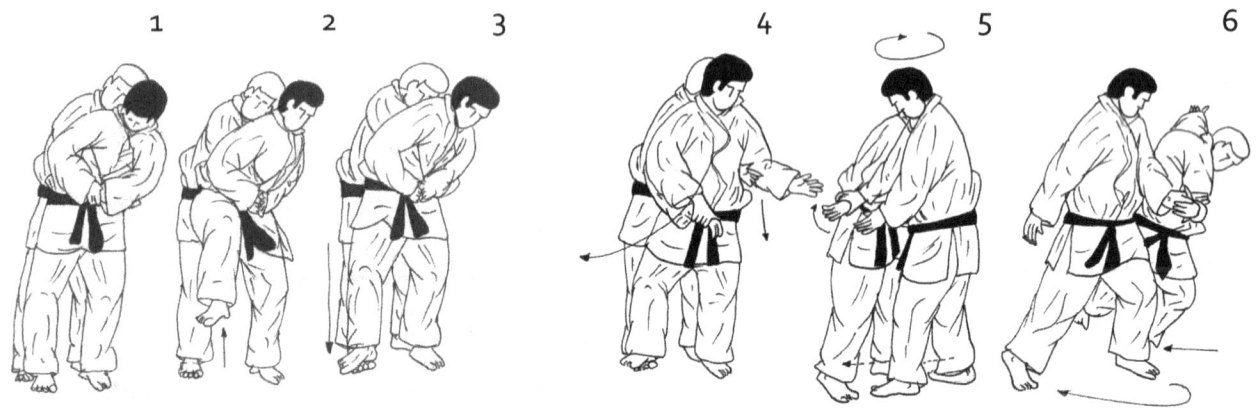

Prenez avantage du pied restant en écrasement pour libérer votre main et placer une clé de doigt douloureuse et humiliante

La lenteur avec laquelle vous progressez n'importe pas, tant que vous ne vous arrêtez pas.
~Confucius

16. Le Coup de Pied Bas Extérieur du Talon

The Heel-outside Low Kick, *Ha Che Cha Gi (Hapkido), Tendangan Ular Sanca (Pencak Silat)*

Général

Il s'agit d'un Coup de Pied très intéressant qui, à mon avis, n'est pas assez pratiqué. J'ai observé des variations de cette technique utilisées dans des Arts Coréens, Chinois et Indonésiens très terre-à-terre. Le Coup de Pied arrive d'un angle inattendu, et il est aussi relativement puissant **si l'on prend le temps de s'y entraîner comme il faut**. On pourrait le décrire comme un hybride du *Coup de Pied en Croissant* et du *Coup de Talon Descendant* (Hache), avec un peu de pliage de la jambe et avec l'intention de frapper des cibles sensibles spécifiques. Il faut de la pratique pour faire de ce Coup de Pied une technique efficace et naturelle, mais c'est une technique importante pour le corps à corps (Voir Photos) ; elle devrait faire partie de l'arsenal de tout Kicker qui se respecte, spécialement pour les situations de self défense.

Un Coup de Pied dévastateur au genou dans un corps à corps

Description

L'illustration montre l'exécution du Coup de Pied avec chambrée complète. C'est la version avec laquelle il faut commencer, afin d'apprendre à maîtriser tous les éléments qui lui donnent de la puissance. Pratiquez la technique de cette façon, et seulement après l'avoir bien maîtrisée, pouvez-vous commencer à réduire très graduellement la chambrée, dans sa hauteur et dans la largeur de son arc. Levez le genou latéralement, comme pour un Coup de Pied «Latéral de Face» de base. Tendez alors la jambe en hauteur sur le côté ; votre bras peut être à l'intérieur ou à l'extérieur. Vous baissez alors le pied diagonalement avec force, tout en pliant

la jambe juste assez pour atteindre la cible avec précision. Simultanément, vous penchez du tronc sur le côté pour ajouter de la puissance au Coup de Pied. Vous frappez du talon et vous *pénétrez* la cible. La sensation à l'impact doit ressembler celle d'un *Coup de Pied d'Ane Crocheté.* Il est impératif de le pratiquer sur un sac de frappe pour comprendre le contact optimal et pour apprendre à développer la puissance qui fera de cette technique un petit joyau.

Points clé

- *Garde haute* : vous êtes très proche de votre adversaire.
- Pliez le genou *à la dernière seconde* avant impact pour plus de puissance.
- La partie supérieure du corps doit rester *immobile* pendant le début de la chambrée (Pas de télégraphe).

Cibles

Ce Coup de pied doit viser des points **sensibles** spécifiques: le côté du genou et de la cuisse, la cheville…
Une variation intéressante cible aussi les *reins* d'un adversaire qui vous fait face (Ce sera illustré dans une photo d'une section suivante). Evidemment, en gardes latérales opposées, vous pouvez aussi l'utiliser pour cibler les *parties génitales*. Dans certains styles de *Pencak Silat*, on cible aussi le *mollet* d'un adversaire qui fait face (comme pour les reins mentionnés précédemment).

Cibles pas très orthodoxes : reins, testicules, mollet

Applications typiques

Les Photos illustrent la version plus pratique du Coup de Pied avec moins d'amplitude de chambrée (à ne pratiquer qu'après la maîtrise de l'exécution classique !). Frapper ainsi l'articulation du genou adverse fera mal, mais compromettra aussi l'équilibre de l'opposant.

Rapide et efficace : le Coup de Pied Bas Extérieur du Talon

Comme mentionne plus haut, le Coup de Pied peut cibler les reins, comme le montrent les Photos *en haut de la page suivante*. Et voilà donc la Photo promise dans la section '**Cibles**'. Dans notre exemple, le Coup de Pied est exécuté offensivement après une ouverture par *Cross* (Coup de Poing Croisé), mais la versatilité de cette technique est claire et nombreuses sont les autres possibilités.

➡

Intéressant : la version d'attaque du dos

Ce Coup de Pied est extrêmement intéressant en corps à corps ('Clinch'), au début ou au milieu d'un enchaînement qui vous redonne l'avantage. Comme mentionné, la technique est un hybride de *Coup de Pied en Croissant* et de *Coup de Pied de Hache* (Talon Descendant), avec une pincée de *Crochetage*. Nous allons présenter ici **deux versions** du Coup de Pied dans la même position de 'Clinch', et ce, pour permettre une comparaison plus directe : une avec **plus**, et une avec **moins** de la composante *'en Croissant'*. Tout d'abord, les Figures qui suivent montrent la variation *en Croissant* du Coup de pied. Nous aurions pu présenter ce « *Coup de Pied en Croissant Bas* » dans son Chapitre à lui dans ce livre, mais son efficacité est en fait probablement limitée à cette position spécifique de corps à corps (dans laquelle l'adversaire est cloué sur place par votre prise). Ce paragraphe sera donc tout ce que nous avons à dire à propos du **Coup de Pied en Croissant Bas** ; juste une **variation** du *Coup de Pied Bas Extérieur*.

Plus un Coup de Pied en Croissant qu'un Coup de Pied Extérieur du Talon

Et pour être complet, nous montrons en comparaison dans les Figures suivantes le très efficace et plus direct **Coup de Pied Bas Extérieur du Talon** exécuté dans la même position de corps à corps. Il existe, évidemment, un nombre infini d'exécutions intermédiaires entre les deux extrêmes (*Croissant* et *Extérieur du Talon*). A vous de choisir ce qui vous convient.

Le Coup de Pied Bas Extérieur du Talon classique en corps à corps

Les Dessins suivants vont illustrer une application **offensive** du Coup de Pied, suivie d'un pas d'esquive qui résulte naturellement de la position du pied d'attaque après impact. Le Coup de Pied illustré est une manœuvre qui fait mal tout en dissimulant le mouvement du corps; il sert aussi de pause bienvenue dans l'enchaînement des Coups de poings *haut/haut/haut*. Mais les Illustrations valent un millier de mots. Bondissez vers votre adversaire avec un long 'Cross' (*Gyacku Tsuki*) à la figure, et démarrez votre *Coup de Pied Extérieur du Talon* de la jambe arrière. Quasi-simultanément, vous développez un 'Jab' vers ses yeux, et vous laissez votre poing devant son visage pour lui limiter le champ de vision. Vous avez frappé du talon le côté de son genou ou de sa cuisse avant. Posez votre pied d'attaque loin sur son extérieur et attaquez le côté de son visage avec un puissant coup du poing avant venant bien des hanches (Typique *Kizami Tsuki – Karatedo*). Un suivi très naturel serait une projection de Grand Fauchage Extérieur (*O Soto Gari – Judo*).

Le Coup de Pied Extérieur du Talon comme facilitateur d'un Pas d'Esquive

Entrainement spécifique

Comme mentionné plus haut, ce Coup de Pied manque de naturel et requiert donc beaucoup de travail pour devenir efficace et utilisable en combat. Mais une fois maîtrisé, il est étonnamment puissant, tout en venant d'un angle très surprenant. Le résultat vaut certainement l'effort d'entraînement nécessaire !

- Pratiquez sur le *sac de frappe* pour familiarité et puissance. Entraînez-vous sur le sac pendu ou debout, et ciblez différentes hauteurs pertinentes.
- Pratiquez avec un *partenaire* protégé de rembourrage afin d'apprendre à discerner les opportunités qui conviennent.

Entraînez-vous au sac suspendu, ou avec un sac que vous tenez comme si c'était un adversaire

Self défense

Une fois que cette technique vous **est devenue naturelle**, elle est très facile à exécuter dans toute situation de corps a corps. Et le fait que vous pouvez aussi pencher le tronc latéralement donne à la manœuvre des qualités d'esquive. Les Figures illustrent comment esquiver un 'Jab' par-dessous et l'attraper de l'extérieur. Suivez alors avec un coup de la partie charnue du poing (Hammerfist, Tettsui Uchi) aux côtes flottantes, et, quasi-simultanément, d'un *Coup de Pied Extérieur du Talon* de la jambe arrière a son genou latéral. Suivez, par exemple, avec un Coup Descendant de la main à la nuque bien poussé par les hanches (*Non illustré*).

Attaque des côtes flottantes suivie par un Coup de Pied au genou, le tout en position de penchée latérale

Comme nous l'avons déjà vu, ces *Coups de Pied Bas* qui manquent intrinsèquement de puissance sont souvent très utiles pour aider à placer des clés, des étranglements, des projections ou même des enchainements feintés. Les Figures suivantes illustrent l'utilisation du Coup de pied comme une diversion douloureuse qui aide à placer une Clé de Bras. Dans notre exemple, vous bloquez une attaque au bâton à la tête qui descend en diagonale ; vous le faites en avançant à l'intérieur du coup. Attrapez son bras d'attaque et enroulez le par-dessus, tout en contrattaquant d'un Coup de Coude Circulaire à la tête, bien propulsé par les hanches à toute puissance. Votre jambe arrière suit d'un *Coup de Pied Extérieur du Talon* sec sur le côté ou l'arrière de son mollet ou de son genou ; ce qui va vous permettre de bien le placer en armlock. Penchez-vous violemment vers l'arrière pour endommager son articulation, et puis pivotez tout naturellement en position de projection de hanche.

Le Coup de Pied Extérieur du Talon aide à placer une douloureuse clé de bras

...Le Coup de Pied peut aussi servir dans la version 'dure' de Projections par *Crochetage*. Dans ce cas, vous exécutez la technique avec l'état d'esprit de '**donner un coup de pied avec le talon à travers de tout ce qui se trouve sur sa trajectoire**'. C'est avant tout *un Coup de Pied*. La première série de Dessins illustre la projection classique, alors que la seconde série illustre la version plus dangereuse à jambes croisées. Les deux exemples sont basés sur une esquive extérieure contre un Coup de Poing.

Et voici la **première série** qui montre l'esquive avant-extérieure contre un Coup de Poing en bondissant. Vous prenez contrôle du bras d'attaque et vous lui collez au dos. Donnez votre *Coup de Pied Crocheté* à sa jambe avant tout en le poussant vers l'avant. **Chambrez haut et frappez fort**. Suivez avec d'autres techniques une fois qu'il est tombé de face, sur la figure.

Le Coup de Pied Extérieur du Talon comme projection

Et la **série de Dessins qui suit** montre la même esquive avant-extérieure, mais cette fois contre son attaque de Coup de Poing Inverse (*Gyacku Tsuki, Cross*). Prenez contrôle de son bras d'attaque et frappez-le quasi-simultanément, par exemple d'un Coup de Paume. Attaquez sa jambe avant avec votre *Coup de Pied Crocheté* de la jambe arrière, et poussez-le vers l'avant. Ses jambes sont croisées et la chute est très **dangereuse** pour l'articulation de son genou. Si la situation le justifie, *chambrez haut et frappez fort*. C'est un **Coup de Pied** !

La même amenée au sol, dangereuse, contre un assaillant aux jambes croisées

Personne ne peut vous faire sentir inférieur sans votre consentement.
~Eleanor Roosevelt

17. Le Coup de Pied Diagonal au Genou

The Angular Kick to the Knee

Général

Voici un petit Coup de Pied très pratique ; il n'est pas très efficace en lui-même car il manque de puissance, mais c'est un fantastique *début d'enchaînement* et un excellent **Coup de Pied d'Attrition**. C'est un peu un hybride de '*Coup de Pied de Face Anglé*' et de '*Coup de Pied en Croissant Extérieur*' ; et cet hybride de deux coups de pied de base est évidemment delivré à un niveau **bas**. Avec une pratique assidue, il est possible d'*améliorer énormément* la puissance derrière cette technique ; cela devient alors un Coup de Pied très douloureux qui surprendra maints adversaires. **Rappel** : *Les Coups de Pied Bas requièrent un entraînement sérieux !*
Nous ne présenterons qu'une seule application pour cette technique qui, bien que très pratique, reste quand même un peu anecdotique.

Description

Levez simplement le pied dans une trajectoire de *Croissant Extérieur* vers la cible, de préférence vers le genou intérieur. Le Coup de Pied ne doit pas être télégraphié du tout, et sa puissance doit venir d'une rotation des hanches à la dernière seconde. Ciblez des points sensibles uniquement, avec la partie supérieure ou latérale du pied (juste comme pour un *Coup de Pied en Croissant Extérieur* classique). Les Dessins illustrent un Coup de Pied de la jambe arrière, mais les principes restent identiques pour l'exécution de la jambe avant.

Le Coup de Pied Diagonal Bas de la jambe arrière

Points clé

- Ne bougez pas du tout la partie supérieure du corps ; et '*explosez*' dans l'attaque.
- *Garde haute* !
- Inverser le sens de la rotation des *hanches*, juste avant l'impact.
- *Toujours suivre* pour garder l'avantage.

Cibles

De préférence, le genou intérieur. Mais aussi: le genou extérieur, le côté des cuisses et le haut des chevilles.

Application typique

Ce Coup de Pied simple est très utile comme manœuvre *d'Attrition* contre les genoux adverses. Pour cet usage, la version rapide de la jambe avant est à préférer, mais il faut bien veiller à garder la partie supérieure du corps immobile.

Les Figures illustrent un **Coup de Pied d'Attrition** de ce type, suivi d'une continuation très typique ; il s'agit probablement de l'utilisation classique la plus utile de ce Coup de Pied particulier. Vous attaquez le genou intérieur de l'adversaire avec un *Coup de Pied Diagonal Bas*, et de ce fait, vous lui ouvrez les jambes. Ne baissez pas votre jambe d'attaque, mais, sans vous interrompre, tendez et levez la jambe le long de sa cuisse pour développer tout naturellement un *Coup de Pied de Face aux Testicules* ! Vous pouvez suivre en frappant sa nuque qu'il expose en se pliant de douleur.

Frappez son genou du pied, et delà, frappez-le directement aux parties génitales

Entrainement spécifique

La puissance de ce Coup de Pied peut être grandement améliorée par un entraînement assidu : pratiquez sur le sac debout ou sur le pneu tenu par un partenaire (Voir Dessin). Entrainez-vous à la vitesse, à la puissance et à l'absence de signes avant-coureurs. **Les Coups de Pied Bas demandent un entraînement sérieux !**

Le travail d'endurance générale et la pratique assidue des Coups de Pied aideront beaucoup à développer la puissance des « **petits** » Coups de Pied comme celui-ci. La pratique méthodique et systématique du *Plyo-Flex* est absolument recommandée.

L'entraînement à la puissance est essentiel pour rendre ce Coup de Pied efficace

Photos Illustratives

Le Coup de Pied de Face Anglé haut, de base

Le Coup de Pied en Croissant Extérieur, de base

18. Le Coup de Pied d'Arrêt Poussé de Face devenant écrasement du genou

The Front Pushing Stop-kick to knee-scrape

Général

C'est un Coup de Pied très intéressant, bien qu'anecdotique, et bien que spécifiquement limité à un contre sur *Coup de Pied Retourné* adverse. C'est tout simplement un **Coup de Pied d'Arrêt Poussé de Face** avec un suivi très naturel ; je l'ai découvert dans une pratique de *Kung Fu Wing Chung* et j'ai été frappé par sa facilité et de son efficacité. C'est une technique un peu ésotérique mais très utile quand maîtrisée et quand employée à bon escient. Vu les aspirations encyclopédiques de cet ouvrage et de la Collection '*Kicks*', il était important de noter l'existence de cette variation intéressante.

Description

Les Dessins illustrent comment le *Coup de Pied d'Arrêt de Face* 'pousse' la fesse de l'adversaire alors qu'il se retourne et commence à lever la jambe pour un *Coup de Pied Crocheté Retourné* (dans cet exemple). Dès le contact, votre pied descend en force tout **en raclant la cuisse jusqu'au creux du genou**. Vous *écrasez* alors le genou directement vers le sol, pour un fini dangereux et douloureux.

Entrainement spécifique

- Ce Coup de Pied ne peut être pratiqué sérieusement qu'avec un *partenaire*. Commencez par vous entraîner au Coup de Pied d'Arrêt seulement, en laissant votre pied sur son postérieur (Pas de retour en chambrée pour le Coup d'Arrêt !). Une fois compétent, commencez à pratiquer l'ensemble de la technique avec prudence.
- Vous pouvez aussi pratiquer le Raclage vers le bas sur un *sac de frappe* léger et relativement souple, tenu en place par un partenaire.

19. Le Coup de Pied Ecrasant Volant

The Flying Stomp Kick

Général

Ce Coup de Pied aurait pu être classifié comme *Coup de Pied Sauté* dans un autre livre traitant du sujet des Coups de Pied Suicide ('*Suicide Kicks*'). Nous avons choisi de la placer ici avec les Coups de Pied Bas en raison de l'aspect **d'écrasement**. Il s'agit d'un coup de pied acrobatique facile à décrire, mais à mon avis, à la fois inutilement dangereux à exécuter et un signe de 'frime' pas trop sérieuse. Mais cette technique a été utilisée avec succès dans quelques matches important de MMA, où elle s'est prouvée comme manœuvre dévastatrice. Comme toutes les techniques spectaculaires, ce Coup de Pied a aussi un fort impact *psychologique* sur l'adversaire ; dans ce cas spécifique, il a aussi certainement un aspect physique dominateur qui fera trembler plus d'un opposant.

Description

Les Photos montrent comme vous devez sauter haut et lever vos jambes le plus haut possible, afin de 'voler' par-dessus les genoux en garde de votre adversaire au sol. Vous atterrissez alors avec un pied à côté de son corps, pendant que le second pied *écrase* ce qu'il peut avec la plus grande partie possible de votre poids. Vous visez la tête, les côtes, les bras ou jambes,...

Vous pouvez aussi atterrir avec vos deux pieds sur l'adversaire, bien que ce soit plus dangereux. Cela causerait probablement votre chute, et à vous de vous éloigner immédiatement en cumulant. Mais cet écrasement plus dévastateur *avec tout votre poids* en vaut peut-être parfois la chance, surtout si vous êtes un bon combattant au sol.

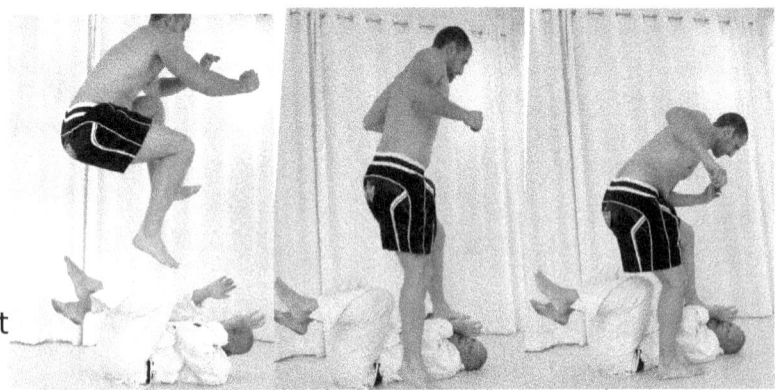

Un Coup de Pied écrasant, terrible et intimidant

Points clé

Si vous choisissez d'utiliser cette technique, il faut y aller avec un **engagement plein**, sans arrière-pensée. Mais les dangers dont vous devriez être conscient sont :
- Vous pourriez recevoir un coup de pied aux parties quand vous sautez.
- Vous pourriez perdre votre équilibre à l'atterrissage.

Entrainement spécifique

- Pratiquez, légèrement et avec prudence, avec un *partenaire* qui bouge au sol, afin d'apprendre à ajuster la distance de saut.
- Entraînez-vous à la précision de la frappe sur un *vieux pneu au sol* : un pied hors du pneu, l'autre écrase un endroit *marqué* du pneu. Vous pouvez aussi simuler les jambes adverses avec un sac de frappe au sol comme obstacle à survoler (*illustré*).
- Entraînez-vous à la *puissance* de frappe sur une cible de frappe, un sac de frappe ou un pneu au sol.
- Pratiquez les *sauts* avec levée maximum des genoux : essayez de frapper vos pectoraux avec les genoux, ou même de les lever encore plus haut à l'extérieur des bras (Voir Photos).
- Eventuellement, la pratique de la 'casse' (*Tame Shiwari*). Voir Photos.
- Et surtout la pratique systématique du *Plyo-Flex*.

Pratiquez sur un pneu, sautez au-dessus d'un sac

Pratique des sauts hauts, bras à l'extérieur   *Sautez et levez les genoux le plus haut possible, bras à l'intérieur*

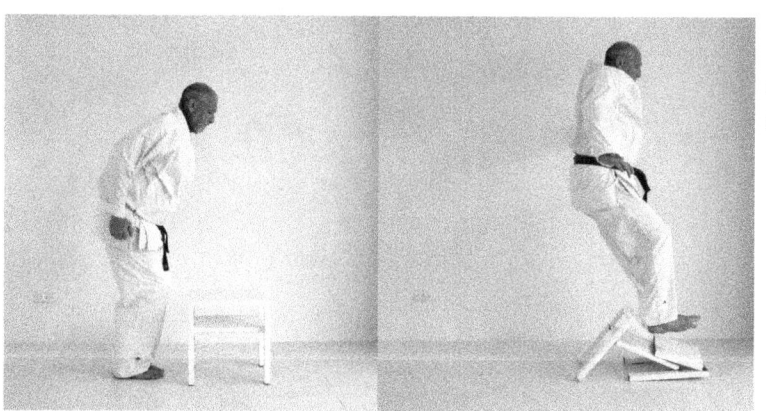

Certainement un Coup de Pied Ecrasant...

LE COUP DE PIED ECRASANT VOLANT

20. Autres Coups de Pied Bas

Comme déjà mentionné au début de ce livre, presque tous les Coups de Pied de base peuvent être exécutés au niveau bas et devenir ainsi des 'Coups de Pied Bas'. Les techniques présentées dans ce livre sont particulièrement appropriées ou spécifiques à une exécution sous la ceinture. Nous avons aussi tenté d'utiliser exemples et applications pour bien illustrer les détails et les principes du *Coup de Pied Bas*. Il existe bien plus de Coups de Pied et de variations possibles, et nous n'avons pas présenté ici, par exemple, les Coups de Pieds spécifiques à l'attaque des parties génitales exposés dans notre livre sur les techniques de base (*Essential Kicks*). Il existe des Coups de Pied de base qui ne sont presque pertinents que pour l'attaque des testicules, et que nous aurions pu ajouter ici dans cet ouvrage sur les *Coups de Pied Bas.* Nous présentons juste quelques Photos illustratives pour intéresser le lecteur. Détailler ici tous les Coups de Pied de base en version basse aurait été un travail répétitif et inutile. Le lecteur est invité à faire preuve de bon sens et à consulter d'autres travaux sur les Coups de Pied de base.

Le Coup de Pied Arrière Crocheté en Uppercut

Le Coup de Pied Fantôme Extérieur aux Parties

Le Coup de Pied Fantôme aux Parties

Le Coup de Pied Arrière en Uppercut

Le Coup de Pied Fantôme Arrière Montant

Table Récapitulative : Quelques Coups de Pied Bas de Face

Coups de Pied Bas DE FACE : Coup de pied Bas (Football), Chambrée pleine, Avec Penchée, à Pied Incliné vers l'extérieur, au Genou, en Ecrasement, aux Parties génitales

EPILOGUE

Nous voici arrivés à la fin de notre étude des spécificités du *Coup de Pied Bas*. Comme déjà mentionné plus d'une fois, il existe encore beaucoup plus de variantes et d'utilisations spécifiques de *Coups de Pied Bas*. Il y en a par exemple beaucoup comme *Coups de Pied d'Arrêt*, comme *Coups de Pied Sautés* ou comme *Coups de Pied au Sol*, mais toute tentative de nomenclature s'avère difficile pour un sujet si complexe. Nombre de Coups de Pied Bas et leurs applications sont donc présentés dans d'autres volumes de la Collection '*Kicks*'.

Le lecteur doit se rappeler que les *Coups de Pied Bas* sont souvent, quand c'est possible, l'option la meilleure pour un combattant : ils sont furtifs, faciles à exécuter, puissants, et ils ciblent généralement des points très sensibles (tibia et parties génitales). Mais, comme pour toute chose de valeur, **ils nécessitent un entraînement sérieux et systématique.**

S'il y a une seule chose que l'auteur souhaite que vous ayez vraiment appris après avoir lu ce livre, c'est avant tout que **les Coups de Pied Bas requièrent un entraînement sérieux!** Ils ont souvent l'air simple et facile à exécuter, ils sont généralement plus faciles que leur contreparties 'hautes' et ils demandent moins de souplesse. Et c'est pourquoi beaucoup de combattants

Les Coups de Pied Bas sont idéaux comme Coups d'Arrêt de Coupe – **Roy Faige** *sur l'auteur*

négligent la pratique assidue qu'ils investiraient automatiquement dans un coup de pied 'normal'. Faute impardonnable ! Cette omission de l'entraînement ardu et systématique des *Coups de Pied Bas* à la puissance, à la vitesse, à la furtivité et à la précision, privera l'Artiste concerné d'armes extrêmement redoutables. La plupart des *Coups de Pied Bas* donnés par des combattants actifs causeront certainement des dommages, même si ils n'ont pas été pratiqués avec assiduité. Mais ces dommages provoqués pourraient être facilement doublés ou triplés par un programme d'entraînement spécifique, systématique et permanent. Tant que le lecteur ne l'aura pas fait sérieusement, et par après l'aura expérimenté en combat, il ne pourra malheureusement pas s'imaginer l'ampleur de la puissance intrinsèque livrable par le plus facile et le plus simple des *Coups de Pied Bas*. C'est tout simplement difficile à croire sans l'avoir vécu. L'auteur vous implore donc d'essayer d'inclure les *Coups de Pied Bas* dans votre entraînement régulier, et de juger par vous-même. Et souvenez-vous toujours :

Si vous échouez à vous préparer, vous êtes préparés à échouer.
~Mark Spitz

Les Coups de Pied Bas sont aussi les Coups de Pied les plus adaptés a une exécution '**fantôme**', car ils commencent bas et restent bas. L'Artiste Martial expérimenté mettra un point à bien cacher ses intentions et à garder l'immobilisme de la partie supérieure du corps le plus longtemps possible pendant exécution. Ces principes de dissimulation sont étudiés dans notre livre à propos des Coups de Pied Fantômes (*Stealth Kicks*), livre où les Coups de Pieds Bas sont des stars. Les principes du '**Stealth**' devraient être appliqués au maximum pendant toute exécution de Coup de Pied Bas.

L'importance des Coups de Pied Bas comme Coups d'**Arrêt** va être encore soulignée par les extraits suivants de notre livre sur les '*Coups de Pied d'Arrêt*'. En plus des exemples classiques présentés plusieurs fois plus haut, il existe des Coups de Pied **Quasi-d 'Arrêt** (*Near-stop-kick*) un peu nuancés mais qui méritent aussi l'attention du lecteur :

1. <u>**L'attaque sur préparation**</u> : *Frapper (du pied) avant que l'attaque adverse puisse démarrer.* Il s'agit du niveau supérieur du Coup d'Arrêt, celui auquel tout Artiste Martial devrait aspirer. Votre adversaire a décidé d'attaquer et a en fait donné ordre à son corps de se lancer. Vous l'anticipez et en empêchez le commencement même. Un observateur neutre pourrait d'ailleurs penser que vous êtes l'agresseur. Et, en fait, tous les Coups de Pied possibles sont valables pour ce type de Coup d'Arrêt. Cela peut sembler tiré par les cheveux, mais tout combattant expérimenté sait bien comme des années d'entraînement affûtent les instincts et aiguisent la capacité inconsciente de 'lire' l'adversaire. C'est le fameux principe '*Sen no sen*' des Arts Martiaux Japonais vantés, entre autres, par le fameux escrimeur *Miyamoto Musashi*. Les Artistes Japonais de haut niveau différentient même entre les 3 stades de la fraction de seconde que prend une attaque d'arrêt : « *sakki* » (la capacité de 'sentir' la décision d'attaque qui se forme), « *sen no sen* » (la décision d'anticiper l'attaque avec la vôtre), et « *senken* » (le début de l'exécution).

Coup de Pied d'Arrêt sur préparation ; il peut sembler que vous êtes l'agresseur

2. <u>**L'attaque sur complétion**</u> : *Frapper (du pied) l'adversaire quand il arrive à la fin de l'extension de son attaque.* Cela requiert la maîtrise des déplacements et du contrôle de la distance. Vous retirez la cible, votre tête ou votre corps, juste hors d'atteinte du membre adverse qui vous attaque ; si possible, juste de quelques centimètres. Votre propre contrattaque est développée de telle façon qu'elle atteint l'attaquant *juste quand il est en extension maximale*. La retraite ou l'esquive doit être graduelle et de tandem avec l'attaque, d'une façon qui laisse croire que l'attaque va finalement atteindre sa cible (principe de l'esprit *Aiki*). Ce type de Coup de Pied peut être dévastateur, car un adversaire tendu trop loin présente nombre de points vitaux ouverts qu'il aura difficile à sauvegarder de votre contre.

Esquivez le Coup de Pied Latéral en retirant votre abdomen, et frappez-le aux testicules à son extension maximum

3. **L'attaque sur récupération** : *Frapper (du pied) quand l'adversaire reprend sa position originale de garde après une attaque manquée.* Vous esquivez juste assez, comme dans l'exemple précédent, mais vous attaquez quand il se retire pour reprendre sa position originale.

Coup de Pied de Face, sur Récupération d'une attaque de Coup de Pied Pénétrant de Face de la jambe arrière

'Coup de pied Bas', sur Récupération d'une attaque de Coup de Pied Fouetté

Une importante dernière distinction à faire à ce sujet est la suivante : Tous les *Coups de Pied d'Arrêt* peuvent être exécutés de façon **offensive**, simplement en attirant l'adversaire à exécuter une certaine attaque spécifique. Et c'est valide pour toutes les sortes de *Coups de Pied d'Arrêt*. Il s'agit du 4ieme principe, celui de « **l'attaque par Appât** » : Vous ouvrez votre garde, ou vous vous placez dans une position telle que l'adversaire verra une ouverture difficile à résister et qui appelle à une attaque plus ou moins spécifique. Dès que vous sentez que l'attaque provoquée prend forme, vous la stoppez d'un *Coup de Pied d'Arrêt*. C'est une distinction plutôt tactique, mais qui marque bien la différence entre un vrai *Coup d'Arrêt défensif*, et un **Coup d'Arrêt d'Appât** dont vous avez pris l'initiative '*offensive*'.

Le lecteur est aussi prié de se souvenir de ce qui suit. Le fait que notre Collection 'Kicks' catalogue un grand nombre de Coups de Pied et leur variations, ne signifie certainement pas qu'il faut *tous* les connaitre et les maîtriser. Comme déjà mentionné dans l'introduction, un bon Artiste Martial doit d'abord se familiariser avec les bases du style qu'il a choisi, en travaillant dur sur les techniques essentielles. C'est seulement après la maîtrise de ces bases, qu'il devrait commencer à s'essayer à des manœuvres plus avancées et a certaines techniques de styles différents. Il pourra alors s'entraîner a des techniques nouvelles ou pas conventionnelles, et il pourra les essayer graduellement en combat libre. Un Artiste mûr saura alors choisir *le petit nombre de techniques* qui sont vraiment adaptées à sa morphologie, à sa psychologie et à ses affinités. Ce petit nombre de techniques choisies (*Tokui Waza*) devront alors être pratiquées des *milliers et des milliers de fois* jusqu'à devenir naturelles et instinctives. Pendant un combat, c'est le corps qui choisit *intuitivement* la meilleure technique à utiliser. Si vous devez réfléchir a quoi faire, vous êtes déjà perdu ! Et la citation connue qui s'impose :

Je ne crains pas l'homme qui a pratiqué dix mille coups de pied une fois, mais je crains l'homme qui a pratiqué un coup de pied dix mille fois.
~ Bruce Lee

Et je ne suis pas désolé de revenir à la charge une dernière fois : **LES COUPS DE PIED BAS REQUIRENT UN ENTRAINEMENT SERIEUX, ET LES RESULTATS SERONT INCROYABLES**. Les plus cyniques seront eux-mêmes surpris !
Et donc, au travail ; et souvenez-vous :

La douleur est le meilleur professeur, mais personne ne veut aller à sa classe.
~Choi Hong Hi, fondateur du Taekwondo

Si ce livre vous a plu, et si vous appréciez l'effort derrière cette Collection, vous êtes invités à écrire un commentaire court et honnête sur Amazon. La promotion du travail d'écriture est devenue très difficile de nos jours, et votre support serait grandement apprécié. Merci !

Toute question, tout commentaire, toute technique supplémentaire, toute photo spéciale ou historique de Coups de Pied Bas ou d'autre Coups de Pied, sont les bienvenus. L'auteur introduira, avec le crédit dû, toute contribution de valeur dans les éditions futures.
Adresse électronique : martialartkicks@gmail.com

L'auteur essaye de construire une collection complète qui, une fois terminée, pourrait servir de base encyclopédique à l'ensemble de l'Art du Coup de Pied ; et cette base pourrait aussi servir à d'autres pour continuer l'ouvrage et ajouter de leurs propres expériences. Pour réaliser ce travail, l'auteur a déjà publié, *en langue Anglaise* :

- **The Essential Book of Martial Arts Kicks** – *Tuttle Publishing* (2010)
- **Plyo-Flex** - Training for Explosive Martial Arts Kicks (2013)
- **Low Kicks** - Advanced Martial Arts Kicks for Attacking the Lower Gates (2013)
- **Stop Kicks** – Jamming, Obstructing, Stopping, Impaling, Cutting and Preemptive Kicks (2014)
- **Ground Kicks** – Advanced Martial Arts Kicks for groundfighting (2015)
- **Stealth Kicks** - The Forgotten Art of Ghost Kicking (2015)
- **Sacrifice Kicks** - Flying, Hopping, Jumping and Suicide Kicks (2016)

Ces livres seront graduellement traduits *en Français*, comme l'ouvrage présent. Dans le même esprit, les livres suivants sont en préparation avancée :

- Combo Kicks
- Krav Maga Kicks
- Joint Kicks

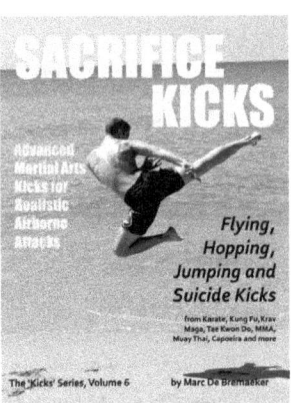

Seul quelqu'un qui se dévoue à une cause de toutes ses forces et de toute son âme peut être un vrai maître. C'est pour cette raison que la maîtrise demande tout d'une personne.
~Albert Einstein

'**Les Coups de Pied-Sacrifices**' présente de façon complète et organisée les Coups de Pied aériens les plus importants des Arts Martiaux : Coups de Pied Volants, Sautillés, Sautés et Suicidaires. Nous les avons nommés 'Sacrifice' dans l'esprit des redoutables projections Sutemi de Judo, dans lesquelles il faut sacrifier son propre équilibre afin d'amener l'adversaire au sol. Les Coups de Pied Volants ne sont pas une question de frime ; ce sont des techniques très efficaces quand utilisées à bon escient. Ces Coups de Pied ne doivent pas nécessairement être exécutés haut et de façon spectaculaire : ils peuvent être aussi de surprenants Coups de Pied Sautillés exécutés longs et bas ! Et les Coups de pied Suicides prennent le principe du Sacrifice encore un peu plus loin : ce sont des manœuvres très inattendues exécutées en sautant, mais avec très peu d'espoir de pouvoir atterrir debout sur ses pieds, au contraire des Coups de Pied Sautés classiques. Avec plus de 1000 Photos et Illustrations, pour vous aider à développer vos compétences de frappe volante du pied, quel que soit votre style personnel.

'**Plyo-Flex: Entraînement Plyométrique et de Souplesse pour des Coups de Pieds explosifs, et pour tous les sports de performance**'. Plyo-Flex est un système qui joint les exercices plyométriques a l'assouplissement intensif afin d'améliorer vos coups de pied dans leur puissance, leur vitesse, leur souplesse et votre compétence générale. Basés sur des principes scientifiques, ces exercices vont amener vos muscles, vos articulations et leurs interfaces au système nerveux, à un niveau supérieur. Quelques semaines d'entraînement seulement suffiront à montrer une amélioration notable dans la vitesse de vos coups de pied et de vos déplacements, dans la puissance de frappe, dans la hauteur de vos sauts, dans votre endurance et dans votre souplesse générale. Des centaines de photos et d'illustrations vous guideront dans les exercices plyométriques de base et les positions d'assouplissement. Une fois ces bases maîtrisées, vous pourrez alors ajouter les variations avancées, plus orientées vers le Coup du Pied, à vos sessions de pratique.

'**Stop Kicks**'. Les Coups de Pied d'Arrêt sont parmi les techniques les plus efficaces et les plus sophistiquées qu'un combattant peut utiliser. Et comme elles frappent l'adversaire à son moment le plus vulnérable, elles sont aussi la façon la plus sûre d'anticiper ou de contrer une attaque. Les Coups de Pied d'Arrêt sont exécutés juste au moment où votre adversaire est pleinement engagé physiquement et mentalement; moment où il est trop tard pour lui de changer d'avis. Frapper un adversaire en plein milieu de son attaque, vous donne l'avantage additionnel de pouvoir utiliser son propre élan contre lui. Tous ces Coups de Pied, présentés de façon bien organisée: d'Encombrement, d'Obstruction, d'Arrêt, d'Empalement, de Coupe et d'Anticipation, sont extraits d'un large éventail d'Arts Martiaux comme Karatedo, Muay Thai, Krav Maga, TaekwonDo, MMA et autres.

'Ground Kicks'. Que vous soyez au sol par choix ou pour avoir été projeté, que votre adversaire soit toujours debout ou soit au sol avec vous, que vous soyez un bon combattant au sol ou que vous essayiez de maintenir un bon lutteur à distance, que vous ayez été surpris assis par terre ou que vous ayez esquivé une attaque en descendant au sol, que vous soyez un débutant ou un combattant expérimenté,... ce livre a le Coup de Pied adapté à la situation. Dans 'Coups de Pied au Sol : Coups de Pied Martiaux Avancés pour le Combat au Sol, du Karaté, Krav Maga, MMA, Capoeira, Kung Fu et autres', Marc De Bremaeker a créé une collection complète de Coups de Pied au Sol, avec des centaines d'applications sportives et de self défense. Illustré avec plus de 1200 Photos et Dessins, le livre inclut aussi des conseils d'entraînement pour la pratique de chaque technique.

'Stealth Kicks'. Les Coups de Pied Fantômes. Ce livre vous introduit à l'Art d'exécuter des Coups de Pied que votre adversaire ne verra pas venir. Ce sujet n'a jamais été traité de façon complète et organisée auparavant. Que vous soyez un débutant ou un artiste expérimenté, vous y trouverez des Coups de Pied appropriés ou des conseils pour modifier vos techniques actuelles et les rendre plus sournoises. Cela vous aidera à marquer des points en confrontations sportives, ou va garantir votre victoire dans une situation réelle de self défense. Les Coups de Pied Feintés présentés sont basés sur des diversions : ils provoquent une réaction erronée qui va ouvrir votre adversaire pour votre Coup de Pied véritable. Les Coups de Pied Fantômes présentés sont basés sur une dissimulation de leur développement et une trajectoire hors du champ de vision adverse ; et donc un impact au dépourvu. Un exposé général sur les techniques feintées, des conseils spécifiques d'entraînement, et des centaines d'applications vont vous introduire à l'Art sournois de Coup de Pied furtif ; ils feront de vous un combattant meilleur et imprévisible. Avec plus de 2300 Photos et Dessins pour une compréhension facile du concept de 'Stealth'.

La perfection n'est pas accessible, mais si nous poursuivons la perfection nous pouvons accéder à l'excellence.
~Vince Lombardi

Utilisez seulement ce qui marche, and prenez le de tout endroit où vous pouvez le trouver.
~Bruce Lee

COUPS DE PIED BAS